KØDBYEN 7

Das Ex-Schlachterviertel ist jetzt ein kernig-postindustrielles Feier- und Speisequartier.

Tipp: Im Restaurant die Kamera bewusst schräg halten und deinen Teller und das Glas in Kontrast zu den alten Wandkacheln setzen.

➤ S. 56

AMALIENBORG SLOT 8

Vier Barockpalais dienen dem dänischen Königshaus als Stadtresidenz. Wachwechsel zum High Noon! Bei gebührendem Anlass winkt die Königin vom Balkon.

➤ S. 46

ØRESTAD 9

Kopenhagen 2.0! Für so viel kreative Architektur kommt sogar die Metro ans Tageslicht.

Tipp: Richte von der Hochbahnstation DR Byen das Teleobjektiv auf den ankommenden Zug vor blauem Konzerthaus.

➤ S. 61

JÆGERSBORGGADE 10

Sauerteigbäcker, Cafés, Porridgebar, Schmuckdesignerinnen – Nørrebros hippste Straße bezaubert mit kreativen Ideen.

Tipp: Nimm eine lange Belichtungszeit, damit der Fluss der frisch gerösteten Kaffeebohnen in der Rösterei (Nr. 57) verwischt.

➤ S. 52

INHALT

BESSER PLANEN
MEHR ERLEBEN!

Digitale Extras
go.marcopolo.de/app/kop

⏱	Besuch planen	☂	Bei Regen
€ – €€€	Preiskategorien		Low-Budget
(*)	Kostenpflichtige Telefonnummer		Mit Kindern
			Typisch

(A2) Herausnehmbare Faltkarte
(a2) Zusatzkarten auf der Faltkarte
(0) Außerhalb des Faltkartenausschnitts

KOPENHAGEN

INSIDER-TIPP
Deine Abkürzung ins Erleben!

Reisen mit MARCO POLO Insider-Tipps

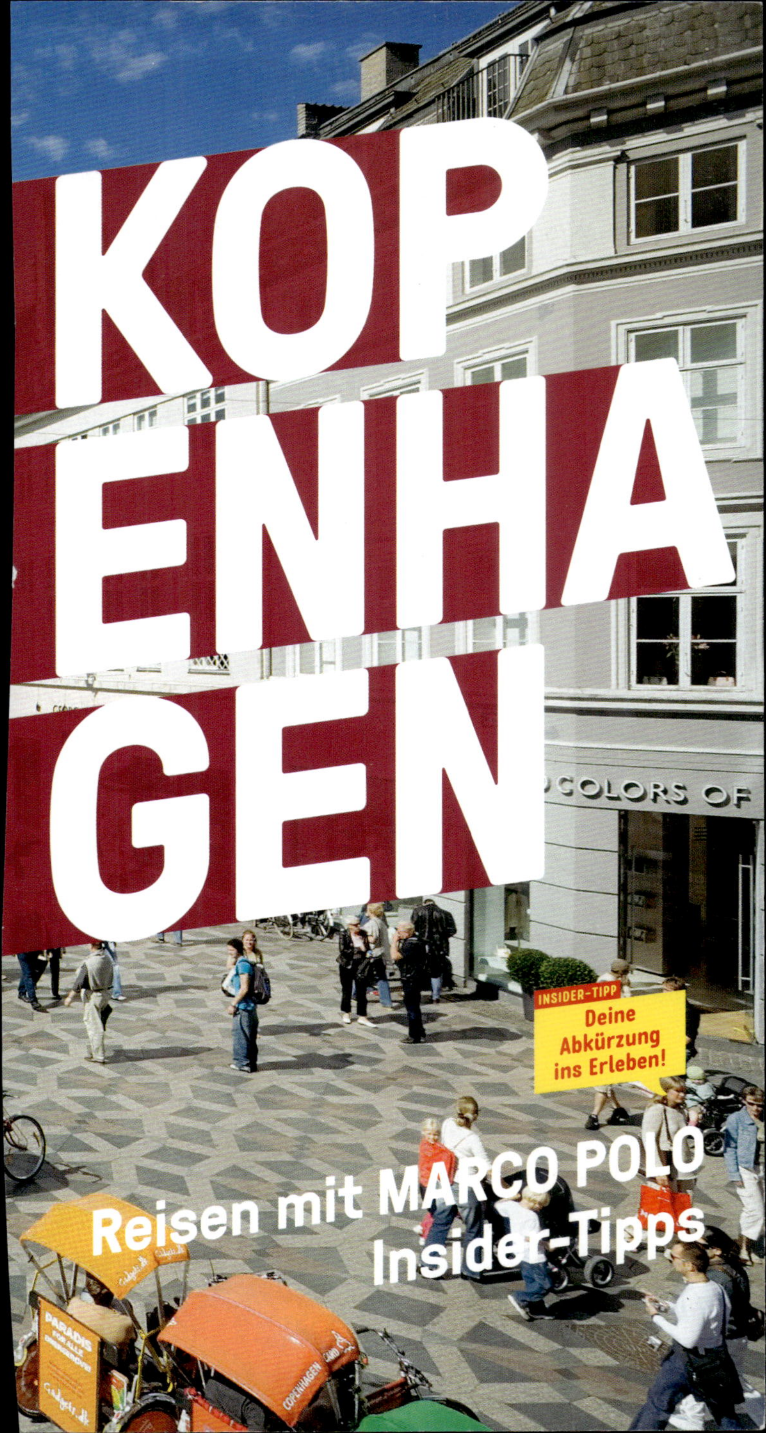

MARCO POLO TOP-HIGHLIGHTS

AMAGERTORV ★ 1
Der Platz ist die Seele der Strøget, er hat alles: feine Kaffeehäuser zum Sehen und Gesehen-Werden, einen bezaubernden Brunnen und edle Shoppingtempel.

➤ S. 33

LOUISIANA MUSEUM FOR MODERNE KUNST ★ 2
Kunst flirtet mit grüner Küste. Skulpturen im Park und fesselnde Ausstellungen verhelfen dem Museum zu Weltruhm.
📷 *Tipp: Lass Alexander Calders knallrote Mobile-Skulptur im Park perspektivisch vorm blauen Øresund tanzen.*

➤ S. 63

SKUESPILHUSET ★ 3
Der tollste Platz an der Sonne im Innenhafen: Kopenhagen entspannt auf der Holzpromenade am Schauspielhaus.

➤ S. 96

DEN BLÅ PLANET ★ 4
Das Aquarium am Amager Strand macht dramatisch die Welle: drinnen mit tiefblauem Wasser voll mit tierischen Bewohnern, von außen als nordseegrauer Strudel aus Aluminium (Foto).

➤ S. 60

TIVOLI ★ 5
Zuckerwatte! Nervenkitzel! Im Vergnügungspark zwischen Kinderkarussell, Achterbahn, Livekonzert und Lichtermeer amüsierst du dich königlich.

➤ S. 30

HARBOUR CIRCLE TOUR ★ 6
Famos aussichtsreiche Radtour mit Badestopp um den Hafen
📷 *Tipp: Setz das Rot der Brücke Cirkelbroen in Kontrast zum Schwarz der Königlichen Bibliothek gegenüber.*

➤ S. 106

DAS BESTE ZUERST

Nyhavn: hübsch, bunt, heimelig und nicht nur an schönen Tagen gut besucht

BEST OF

BEI REGEN

SCHÖN, AUCH WENN ES REGNET

IN DIE WEITE DES WELTRAUMS

Für Momente die Erde verlassen, andere Galaxien entdecken und die Welt draußen vergessen. Im *Tycho Brahe Planetarium* wird der Sternenhimmel in 3-D auf eine riesige Leinwand projiziert.

➤ S. 55

CAFÉ MIT BUCH

Was die Wiener können, geht auch in Kopenhagen: stundenlang im Café sitzen, umgeben von Literatur und vermeintlichen Literaten. Dazu ein Frühstück oder ein Stück Kuchen – z. B. im *Paludan Bog & Café*.

➤ S. 84

KUNST AM ØRESUND

Ein Landsitz mit Ostseeblick. Das Schicksal ließ seinen Besitzer dreimal heiraten, und wie der Zufall es wollte: Jede der drei Bräute hieß Louise. Und so gab Alexander Brun diesem Fleckchen Erde den Namen *Louisiana*. Heute steht hier das spannendeste Kunstmuseum Dänemarks. Im *Louisisana Museum for Moderne Kunst* erlebst du phantastische Ausstellungen.

➤ S. 63

AUF ZUM SONNENWAGEN

Zieht es dich in die Abteilung Vor- und Frühgeschichte? Oder willst du die Wikinger verstehen? Und dann in die Renaissance abtauchen? Oder steuerst du lieber gleich den Sonnenwagen an, das Highlight des *Nationalmuseet*? Bei Dauerregen kannst du hier auch einen ganzen Tag verbringen – und lecker essen (Foto).

➤ S. 36

IN DIE ZISTERNEN ABTAUCHEN

Unter Frederiksbergs Parklandschaft lagerte mal das Trinkwasser der Stadt. Die *Cisternerne* mit ihren dunklen Säulenhallen ist eine tolle Location für spannende Kunstausstellungen.

➤ S. 58

BEST OF

LOW-BUDGET

FÜR DEN KLEINEN GELDBEUTEL

KOPENHAGEN VON OBEN
In einer Stadt ohne Wolkenkratzer ist es gar nicht so einfach, den Überblick zu gewinnen. Den schönen Panoramablick vom *Turm des Folketing* kannst du sogar kostenlos genießen.
➤ S. 35

IN DIE PEDALE TRETEN
Du möchtest dich dem Kopenhagener Tempo anpassen und preiswert unterwegs sein? Wenn du nicht dein eigenes Rad mitbringst, dann leihst du dir eins, sogar in Christiania. Für größere Sprünge kannst du mit Rad in S-Bahn und sogar Metro (hier Zusatzticket) steigen. Nur nicht während der Rushhour.
➤ S. 130

STRAND, MEER, BRÜCKE
Wo ist bloß die berühmte Øresund-Brücke aus der Krimiserie „Die Brücke"? Mit der Metro kommst du zum *Amager Strandpark*. Vom Deck des kunstvollen Designpools *Kastrup Søbad* hast du eine tolle Sicht auf den Sund und die Brücke – gratis.
➤ S. 60

ARCHITEKTENTRÄUME
Das neue Kopenhagener Quartier *Ørestad* (Foto) auf der citynahen Insel Amager gleicht einem kostenlosen Freilichtmuseum der modernen Architektur. Die futuristischen Gebäude wirken wie von einem anderen Planeten. Tagsüber darfst du über eine öffentliche Rampe im Wohnkomplex *8-tallet* bis nach oben laufen.
➤ S. 61

KUNST KOSTENLOS
In zahlreichen Museen heißt es an einem Tag in der Woche: Eintritt frei. In der *Ny Carlsberg Glyptotek* ist Frei-Tag immer der Dienstag, im *Thorvaldsens Museum* und in der *Nikolaj Kunsthal* ist's der Mittwoch.
➤ S. 31, 34

BEST OF

MIT KINDERN

SPANNENDES FÜR GROSS & KLEIN

EIN BLAUES WUNDER

So schön ist ein Walhai? Neben dem weltgrößten Fisch begegnest du im Aquarium *Den Blå Planet* auch Haien, Rochen, Seeschlagen – kurz, 450 Arten aus den sieben Weltmeeren. Wie ein Meeresstrudel wirkt das Bauwerk am Øresund.

➤ S. 60

ALLES SCHÖN BUNT HIER

Ein leuchtender Falter im Schmetterlingshaus? Oder ein tropisches Gewächs im Palmenhaus? Beim Streifzug durch den *Botanisk Have* mit seinen Zigtausenden Blumen und Pflanzen aus dem ganzen Königreich findet jedes Kind seinen Liebling.

➤ S. 49

ZUCKERWATTE UND ABENTEUER

Gemütlich bis rasant sind die Fahrgeschäfte im Vergnügungspark *Tivoli* – Nervenkitzel für ganze Familienbanden. Dazu ein Lichtermeer am Abend und im Winter. Ganz großer Budenzauber – die Zuckerwatte ist ein Muss und macht alle zu Kindern.

➤ S. 30

ZUM TEUFEL AUCH!

Polarbären im Arctic Ring, Elefanten im Glashaus vom Architekten Norman Foster – dieser *Zoo* gibt sich wirklich Mühe, vielen Tieren ein passendes, großzügiges Ambiente zu geben. Streicheleinheiten darfst du auch verteilen, außerdem den seltsamen Tasmanischen Teufel besuchen.

➤ S. 58

LUSTIGE SEEFAHRT

Wie knüpfe ich einen Seemannsknoten? Warum wird mir mit einer Virtual-Reality-Brille schwindlig, wenn ein Riesenschiff direkt auf mich zufährt? Vom neuen *Museet for Søfart* in Helsingør werden Kinder noch lange erzählen.

➤ S. 64

BEST OF
TYPISCH
DAS ERLEBST DU NUR HIER

WACHABLÖSUNG
Bitte nicht lustig machen – viele Kopenhagener sind stolz, wenn die *Königliche Leibgarde* zum Palast der Königin marschiert. Punkt 12 Uhr heißt es: „Stillgestanden!".
➤ S. 50

OPER IN SICHT
Du bist kein Opernfan? *Operaen* kannst du auch von außen bewundern. Bei einer preiswerten Schiffsfahrt mit dem regulären *havnebus* siehst du neben der Oper noch andere Architektur-Highlights, etwa die Königliche Bibliothek.
➤ S. 43

PØLSEVOGN-PARADE
Die fahrbaren Würstchenbuden werden jeden Morgen auf Straßen und Plätze gefahren. Kopenhagen wäre ärmer ohne die vielen *pølsevogn*. Mittags zur *frokost* schmeckt ein typisch dänischer Hotdog mit Ketchup, Mayonnaise, Gurken und Röstzwiebeln, z. B. auf dem Amagertorv – sogar vegan!

BRÜCKEN OHNE AUTOS
Dass Kopenhagen nah am Wasser gebaut ist, kannst du als Fußgänger, Jogger oder Fahrradfahrer auf dem 13 km langen Uferweg *Harbour Circle Tour* nicht übersehen. Tolle Aussichten auf die Stadt und fünf Brücken inklusive – Höhepunkt ist die kunstvolle *Cirkelbroen*.
➤ S. 106, 42

DESIGN BIS INS DETAIL
Design überall. Die Mischung aus Minimalismus, Eleganz und klaren Schrifttypen fällt sogar auf den Autonummernschildern oder dem Metro-M auf. Oder im Foyer des *Radisson Blu Royal Hotel* (Foto) am Hauptbahnhof, wo Arne Jacobsens Sessel warten. Geballt erfährst du den Dänen-Stil im *Designmuseum Danmark*.
➤ S. 21, 46

SO TICKT KOPEN HAGEN

Radfahren ist pures Vergnügen in Kopenhagen. Wenn du die Regeln beherzigst

Bolia-com

ENTDECKE KOPENHAGEN

1. oder 2. Reihe? Auf jeden Fall Spitzenplätze mit Blick aufs Schauspielhaus

Kann eine Stadt cool und hyggelig zugleich sein, also gut gebaut und kuschelig? Kopenhagen kann! Und das lässig. Die City und einige Viertel sind historisch-hübsch mit viel Kopfsteinpflaster, kupfernen Türmchen und Souterrains bestückt, während Architekten kühne Träume in umgenutzten Rand- und Hafengebieten verwirklichen dürfen. Und mittendrin regiert das Fahrrad.

KOPFSPRÜNGE ZWISCHEN KULTURBAUTEN

Seit der Jahrtausendwende boomt die urbane Entwicklung, wobei sich die Stadtplaner bisher einig waren: Hochhäuser passen nicht zu Kopenhagen. Das beginnt sich zu ändern, etwa 40 Hochhäuser sind geplant. Am Hafenkanal entstehen im Jahrestakt faszinierende öffentliche Bauten, die zumeist Publikum und

1443 Kopenhagen wird neue Hauptstadt (nach Roskilde)

1801/1807 Die Briten bombardieren Kopenhagen und zerstören die Innenstadt

1843 Der Vergnügungspark Tivoli eröffnet. Er soll die Dänen bespaßen und von der Politik ablenken

1958 Arne Jacobsen designt die berühmten Stühle „Ei" und „Schwan"

1971 Die Freistadt Christiania wird auf einem leer stehenden Marinegelände ausgerufen und schnell besiedelt

Passanten sehr zugewandt sind. Etwa der „Schwarze Diamant", der die Königliche Bibliothek beherbergt, das neue Königliche Schauspielhaus mit dem Ofelia Plads sowie am gegenüberliegenden Ufer eine Oper, die Dänemarks reichster Reeder der Stadt schenkte. Du kannst den lieben langen Tag am Innenhafen sitzen, smarte Leute und Gebäude bestaunen und sogar im sauberen Hafenwasser schwimmen gehen – Hafenbäder gibt's genug.

BAUEN FÜR DIE ZUKUNFT

Viele ultraneue Visionen fürs Wohnen und Lernen werden in Ørestad auf der Insel Amager verwirklicht. Dieser neue Stadtteil wurde rasant auf eine Tabula rasa am Meer konstruiert. Das postmoderne Gegenstück zum historischen Zentrum ist wie ein kühn designter Laufsteg von morgen und hat in kurzer Zeit dem Architektenstar Bjarke Ingels einige Architektur-Oscars beschert. Und Kopenhagen bleibt in Aufbruchstimmung. Bis 2025 wird sich der frühere Industriehafen Nordhavn in ein Wohn- und Geschäftsviertel verwandeln. 40 000 Kopenhagener sollen auf dem Areal wohnen – mit Blick auf Wasser und Kreuzfahrtschiffe. Der innere Hafenkanal bekommt ständig neue bauliche Eskapaden für Freizeit und Kultur. Direkt daneben lässt man die heute recht brave Kifferfreistadt Christiania in Ruhe, mal abgesehen von den Drogenrazzien der Polizei. Touristen stromern hier durch, und die meisten haben nichts gegen die würzige Luft. Gourmets laufen (noch) bis ans andere Ende des Kanalgrabens ins *Noma*, das beste Restaurant der Welt mit radikal abgespeckter nordischer Küche – Mahlzeit für 450 Euro.

1993 Dänemark wird Mitglied in der EWG, heute EU

2000 Die knapp 8 km lange Øresundbrücke wird dem Autoverkehr übergeben

2012 Die ersten Radschnellwege für Pendler werden eröffnet

2023 Kopenhagen ist Weltarchitekturhauptstadt mit mehr als 300 Veranstaltungen zum Thema in der Stadt

2023/2024 Neu in der City: Ein Park eröffnet neben der Oper, außerdem entsteht ein *Waterfront Culture Center* nebenan

Schlangenlinien fahren? Geht auf der Brücke Cykelslangen auch total nüchtern

ALLES IM GRÜNEN BEREICH

Im Grünen ist's hyggelig. Tolle Parks wie Frederiksberg Have laden zum entspannten Sitzen und Picknicken ein. Aber Kopenhagen ist auch ehrgeizig in Sachen Grün. Ziel: 2025 weltweit die erste klimaneutrale Metropole zu sein. Der öffentliche Nahverkehr wird zunehmend auf Elektromotoren umgestellt, 98 Prozent der Haushalte hängen am Fernwärmenetz. Wer sich's leisten kann, fährt ein E-Auto. Wichtigstes Verkehrsmittel aber ist das Fahrrad. Seit 2016 hat die Anzahl der *cykler* die der Autos im Pendelverkehr überholt. Auch im Winter, denn Radwege werden noch vor den Straßen geräumt. Das Hafenwasser wird für Radler elegant überbrückt, es gibt Schnelltrassen für Berufspendler. Für Besucher wird es immer cooler, die flache Stadt am Meer auf zwei Rädern zu erkunden. Wenn sie denn radeln können!

KLEINE, FEINE METROPOLE

Einem Vergleich mit großen Millionenstädten kann die Hauptstadt des kleinen Königreichs nicht standhalten. Kopenhagen passt zehnmal auf die Grundfläche Berlins. Kopenhagen ist die Kleine unter den Großen. In keiner anderen Hauptstadt findest du dich so leicht zurecht. Ein Blick auf den Stadtplan zeigt: Das innere Straßennetz zeugt noch immer von der Form einer Festung. Haben in vergangenen Jahrhunderten Schutzwälle die Stadt im Westen begrenzt und die Kopenhagener vor Feinden geschützt, sind es heute vielspurige Boulevards, die sich um das Herz der Stadt legen. Dazwischen ist es in der Innenstadt eng wie einst. Zwischen Rathaus und dem idyllischen Nyhavn spazierst du auf Europas erster Fußgängerzone.

KEIMZELLE DER KAUFMANNSSTADT

Bischof Absalon von Roskilde hatte den richtigen Riecher: Er wusste, wo er den feindlichen Piraten zeigen konnte, wer Herr der Insel ist. Es galt, *Havn* (Hafen) auf der Insel Strandholmen – heute Slotsholmen – zu schützen. So baute er 1167 an der Stelle, wo heute das dänische Parlament über Wohl und Werde Dänemarks entscheidet, eine Burg – die Keimzelle Kopenhagens. Havn wurde vom unbedeutenden Hafen an der Ostküste der Insel Seeland zum Knotenpunkt der Seehandelswege. Dem Namen Havn stellten die Bewohner ein *Købmand* (Kaufmann) voran, und zur Zeit der Hanse bekam die Stadt ihren endgültigen Namen: *København*.

GLÜCKLICHE DÄNEN

Bummel einfach durch altertümliche Gassen, an pastellfarbenen Fassaden entlang, aber spar dir bitte den Blick ins zu Private, auch, wenn's sich anbietet. Gönn dir viele Pausen, und beobachte eine fast südländische Herzlichkeit auf einem der vielen Plätze, etwa dem schnuckeligen Gråbrødretorv. Alle sind beim Du. Die Gelassenheit steckt an, selbst beim Shopping. Dazu ist die Fußgängermeile Strøget (auf Deutsch: Strich) bestens geeignet. Besonders das Stück vom Amagertorv zum edlen Platz Kongens Nytorv bietet Schaufensterdekor zum Niederknien – gerade zur Adventszeit. Apropos Gelassenheit – die Dänen sollen ja sehr glücklich sein. Die Gründe fürs Glücksgefühl – sagen wir besser Zufriedenheit – sind ein gewollt egalitäres, sozial möglichst ausgewogenes Gesellschaftsdesign, die niedrige Arbeitslosenquote und weniger Zukunftsängste als andere Völker; man hat gelernt zu teilen. Familie geht über alles. Ausdruck des verwurzelten National- oder sogar Stammesgefühls ist jedoch auch eine im Vielparteienparlament seit 2000 stark vertretene Dänemark-den-Dänen-Politik. Kopenhagener mit ausländischem Ehepartner flüchten deshalb gern über die Øresundbrücke ins liberalere schwedische Malmö.

CITYVORORTE MIT SZENETOUCH

Die Kopenhagener waren von jeher gezwungen zusammenzurücken. Zu Lebzeiten des Dichters Hans Christian Andersen – er kam 1819 nach Kopenhagen – war die Stadt innerhalb der Wälle übervölkert. Auf einer Fläche von 2 km² lebten damals 120 000 Menschen. Heute sind es nur noch 30 000. Mit der Industrialisierung im 19. Jh. zog es die Landbevölkerung in die Hauptstadt. Von 1850 bis 1900 stieg die Einwohnerzahl auf 400 000. Um Platz zu schaffen, wurden die Befestigungsanlagen geschleift. Vor der Stadt entstanden die Arbeiterquartiere Nørrebro und Vesterbro. Willst du hinter die Kulissen gucken, musst du raus aus dem heute romantischen Zentrum. Jenseits der Wallstraßen Vester Voldgade, Nørre Voldgade und Øster Voldgade findet das alltägliche Leben statt – und genau das ist reizvoll. Zwar ist die Stadt dort auch mal weniger kuschelig. Doch haben sich in den vergangenen Jahren die sanierten Wohnviertel Nørrebro, Vesterbro und Østerbro mit zahlreichen Restaurants und Lädchen zu boomenden Szenevierteln entwickelt. Kopenhagens Sound ist übrigens der öffentlich, auch in Schulen, geförderte Jazz.

MANN KANN MIT KINDERN UMGEHEN

In jedem Viertel Kopenhagens wirst du einen Platz mit Cafés oder Bars finden. Dort werden sich manche womöglich fragen: Bin ich zu alt für diese Stadt? Denn Kopenhagen hat nicht nur ein junges Image, auch die Bewohner sind überwiegend jung. Überall ist man auf Kinder eingestellt. Im Restaurant steht der Hochstuhl, bei Bank und Post gibt es eine Legoecke. Wo kein Platz ist, wird er geschaffen, wird der Buggy zwischen die Bistrotische geschoben – ohne Prenzlauer-Berg-Attitüde. Auch Männer wickeln Knirpse auf der Café-Toilette, während die Oma kerzengerade auf ihrem Fahrrad zur Familie stößt. Apropos Familie und Rad: In Christiania wird das gleichnamige Lastenrad hergestellt, mit dem dir ständig ganze Rasselbanden entgegenkommen.

TEURE KRONE

Wie viel Euro sind …? Ob im Hotel, Restaurant oder Kaufhaus, du musst ständig umrechen. Denn die Dänen votierten 2000 gegen die Einführung der gesamteuropäischen Währung. Es wird mit der Krone bezahlt, deren Wechselkurs zum Euro aber gleich bleibt. Dem Kopfrechnen vor Schaufenstern und Speisekarten folgt immer der Schreck: Mein Gott, ist das teuer! Kopenhagen gehört zu den teuersten Städten Europas. Allerdings werben Cafés und Restaurants mit Preisnachlässen für Frühesser oder Paartrinker.

SOGAR DIE ROYALS SIND GEERDET

Mit dem Bau der Øresundbrücke, der festen Anbindung Schwedens an Europa, ist die dänische Hauptstadt zur Drehscheibe Nordeuropas geworden. Und mit der geplanten Fehmarnbelt-Querung – dem 17,6 km langen Tunnel zwischen Puttgarden und Rødby – wird Kopenhagen noch weiter boomen. Nach Malmö ist's nur ein Katzensprung – manche witzeln, es sei ein Vorort. Trotz des Booms halten die Kopenhagener es lieber mit dem Understatement. Sie geben nicht an, sondern sind eher bescheiden, lieber leise statt laut, entspannt statt hektisch. In den Straßen leuchten verchromte Halogenlampen neben schmiedeeisernen Kandelabern, moderne Architektur grenzt an altes Fachwerk, ein Pferdegespann der Leibwache Ihrer Majestät trabt vorbei an coolen Metrostationen. Und das Volk jubelt, wenn die gar nicht abgehobenen Royals vom Balkon ihres Schlosses winken. Manchmal sieht man sie sogar radeln!

AUF EINEN BLICK

645.000
Einwohner

Stuttgart: 628.000

265.700

Fahrräder sind pro Tag auf Kopenhagens Straßen unterwegs, aber nur 252.600 Autos

38.500
Studenten

Frankfurt/Main: 47.700

178,4 km²
Fläche

Hannover: 204 km²

HÖCHSTER TURM

CHRISTIANSBORG SLOT

106 M

SONNIGSTER MONAT

JUNI

9 STUNDEN AM TAG

NIEDERSCHLAG PRO JAHR

728 MM

Frankfurt: 648 mm

21 MICHELINSTERNE IN 13 RESTAURANTS
NOMA UND GERANIUM: JE 3 STERNE

München: 21 Michelinsterne in 16 Restaurants

PAKISTANI

Größte Bevölkerungsgruppe der nichtwestlichen Ausländer

BERÜHMTE PERSONEN
H.C. Andersen (Dichter)
Bjarke Ingels (Architekt)

Jahresbruttoeinkommen pro Kopf: 68.000 Euro
Düsseldorf: 52.000 Euro

KOPENHAGEN VERSTEHEN

SATTELPERSPEKTIVE

Die Bewohner von Kopenhagen haben stramme Popos. Weil sie zu jeder Tages- und Jahreszeit radeln. Bis ins hohe Alter. Oft auf etwas klapprigen Rädern, wenig designorientiert. Batterieunterstützung ist meist noch auf modernere Lastenräder und Citybikes beschränkt. Einen Radler zu schneiden werden Autofahrer tunlichst lassen: Die sind einfach in der Überzahl! Über die Hälfte aller Fahrzeuge im Berufsverkehr sind Zweiräder, die im Pulk mit flotten 22 km/h auf breiten Radwegen mit grüner Welle unterwegs sind. Stadtplaner verbessern und überbrücken eifrig fürs Image der weltbesten Zweiradstadt. Es gibt schräg aufgehängte Papierkörbe für Radler, eine Bestatterin mit Lastenrad für die letzte Reise im Sarg, Tausende Einstellmöglichkeiten an den Bahnhöfen, genügend Stellmuffen für die Freifahrt in S-Bahnen.

Als Besucher musst du erst das Einscheren lernen, um dann im Strom mitzuschwimmen. Bitte schön rechts halten und vor dem Stopp deutlich die Hand heben – sonst verursachst du Chaos. Die Rushhour gegen 8 und 16 Uhr ist nicht zum Trödeln geeignet! Radeln hat zwar einen Ökotouch, eigentlich treten aber Kopenhagener gern in die Pedale, weil sie flotter als im Auto unterwegs sind. Regenwetter zwingt übrigens niemand aus dem Sattel. Man kleidet sich halt entsprechend – selbst Fußgänger scheinen Schirme nicht zu kennen. Irgendwann bist du auch so entspannt unterwegs wie die Frauen, die im Sommer High Heels, im Winter Schlittschuhe am Lenker baumeln lassen.

JAZZIG

Kopenhagen ist die Jazzhauptstadt Europas. Schon in den 1960er-Jahren zogen US-Jazzgrößen nach Kopenhagen. Clubs im Stil von New York und Paris wie das *Jazzhus Montmartre* entstanden. Dänische Weltstars wie Niels Lan Doky finden reichlich jungen Nachwuchs, weil das Publikum auch experimentierfreudigere Klänge mag. Jazz in der Schule und öffentliche Förderung machen's möglich – etwas, das amerikanische Jazzer in ihrer Heimat vermissen; deshalb ziehen sie immer noch in die dänische Hauptstadt. Jeden Tag kannst du in Kopenhagener Kneipen und Cafés irgendwo Jazz hören, etwa im *Jazz Cup, La Fontaine* oder *Sofie Kælderen*. *jazz.dk*

MÜSSIGGANG

Was für ein Revolutionär! Seit über 50 Jahren tüftelt Stadtplaner Jan Gehl daran, menschen- statt autofreundliche Innenstädte zu schaffen. Zuerst in Kopenhagen, wo er 1965 mit der Strøget die längste Fußgängerzone der Welt initiierte. Später war er dann

Ist Jazz nur was für ältere Semester? Nee, die freien Rhythmen begeistern alle

weltweit in Metropolen gefragt, neuralgische Punkte in Citys anhand der Bedürfnisse von Fußgängern umzuplanen. Wo in Kopenhagen gebaut wird, muss sich der Autoverkehr wegducken. Niemand empört sich mehr darüber. Piazza-Gefühl wie im alten Rom oder im heutigen Südeuropa projizierte Gehl auf Kopenhagen. Wie gut das funktioniert hat, merkst du ständig. Statt Park- gibt's Flanierplätze mit Bänken, Spielflächen, Treffpunkten. Das Schauspielhaus samt Ofelia Plads am Wasser in Nyhavn eröffnet viel Raum für Müßiggänger, die sich entspannen oder einfach nur quatschen wollen. Das Kopenhagener Jazzfestival im Juni ist berühmt dafür, dass die meisten Konzerte draußen stattfinden und die Zuhörer einfach auf dem Boden sitzen. Oft auf Kopfsteinpflaster, das nicht nur auf dem Vorzeigeplatz Kongens Nytorv, dem urigen Gråbrødretorv oder am Flanierufer Islands Brygge, sondern auch in Vororten Gemütlichkeit signalisiert. Für Radler, Kinderwagen und Jogger sind glatte Flächen vorgesehen. Fertig ist die Stadt, die ihre Bewohner umwirbt.

DESIGNVERRÜCKT

Die Kleine Meerjungfrau altert nicht, ist aber von gestern. Versierte Kopenhagenfans kennen noch Arne Jacobsen, Architekt und Designer, der 1960 am Hauptbahnhof das *Radisson Blu Royal Hotel* entwarf, das erste bis zum Besteck durchgestylte Designhotel. Aber selbst Jacobsen ist inzwischen ein alter Hut, wenn auch seine Stühle ein weltweiter Dauerbrenner sind. Ja-

Neues Bauen für die Menschen, z. B. mit Skipiste auf der sauberen Müllverbrennungsanlage

cobsen murrte allerdings, wenn irgendwer sein perfektes Design störte, so in der Bellevue-Siedlung in Klampenborg. Heute aber bauen Kopenhagener Architekten für ebensolche Störenfriede. Gebäude sollen nicht (nur) dem Ego des Erschaffers genügen, nicht mehr die Form sklavisch der Funktion unterordnen, sondern kreative Lösungen für die Gesellschaft finden, gern auch chaotisch. Im Wortsinn verrückt, aus gewohnter Balance gebracht. Wie die beiden prämierten Wohnhäuser des berühmtesten Stadtsohns Bjarke Ingels (BIG). Schräg verschoben wirken seine mit Architektur-Oscars prämierten Wohn-Cluster *Bjerget* (2008) und *8-tallet* in Ørestad (2011), dem auf der Insel Amager gelegenen Hochbahnviertel von morgen. Welches sich erst noch eingrooven respektive einhyggen muss. Ørestad mit dem schrägen *Bella Sky Hotel* und einem bunten College ohne Klassenzimmer – beides konzipiert vom heimischen Architekturbüro 3XN – ist der Gegenentwurf zur gemütlichen City-Gassenwelt: radikal und nicht hyggelig. Aber aufregend, wie die Schüler des College finden.

Internationale Stararchitekten kommen nach Kopenhagen und wollen mitmachen. Klappt nicht immer. Norman Foster wollte 2006 einen Turm neben den Tivoli bauen, musste sich aber bisher mit einem Glashaus für die Zoo-Elefanten begnügen. Jean Nouvel setzte einen tiefblau verhüllten Karton als Funk- und Konzerthaus fürs Radio nach Ørestad – so teuer, dass beim Rundfunk gespart werden musste.

INSIDER-TIPP
Thermen gegenüber dem Theater

Und 2023/4 bekommt die Stadt einen spektakulären Badepalast in Pyramidenform. Was sich einreihen wird in andere Kulturbauten am Innenhafen: Oper, Schauspielhaus, Schwarzer Diamant. Neben der schwarzen Nationalbibliothek prangt seit 2018 der Versuch von

Rem Koolhaas, Kopenhagens urbanen Liebreiz bewusst spröde zu konterkarieren. Sein multifunktionales Gebäude BLOX ist ein durchfahrbares Container-Puzzle aus Glas, das der Stadt mehr Härte und Echo von Autoverkehr geben soll. All diese Architektur-Leuchttürme kannst du übrigens mit dem Linienwasserbus abfahren. Aktuell hat Bjarke Ingels (BIG) im Kreativwettstreit wieder einen neuen magischen Trick ausgepackt: eine saubere Müllverbrennungsanlage, die Wärme schafft und von deren Spitze du eine Skiabfahrt auf Noppen hinlegen kannst.

ÖKOKORREKT

Kopenhagen ist Europas umweltfreundlichste Metropole. Zu diesem Ergebnis kommt der European Green City Index. Und Kopenhagen hat ein ehrgeiziges Ziel: Bis 2025 will die Stadt die erste kohlendioxidfreie Hauptstadt der Welt werden. Das Mot-

KLISCHEE KISTE

GRENZENLOS HYGGELIG

Ist die berühmte Heimeligkeit überall zu spüren? Nein, denn in den Brückenvierteln Nørrebro, Østerbro und Vesterbro wirken die langen, ungegliederten Ziegelfassaden kahl und nüchtern. Badezimmer sind winzige Nasszellen. Straßenbäume fehlen. Oft navigierst du zwischen geparkten oder entkommst knapp an dir vorbeiflitzenden Fahrrädern. Also ab ins Café oder in den Park. Wo man dich wie einen guten Freund behandelt. Immer. Echt hyggelig.

DESIGNVERSTEHER

Dänen haben tollen Geschmack. Weil sich jeder nach dem Krieg an schöner Gestaltung erfreuen sollte, wurde Design zu einem Spottpreis Teil der Alltagskultur. Heute kosten solche Dinge die Welt. Toll in den Schaufenstern der City dekoriert. Leider fielen dem dänischen Designdestillat die Farben zum Opfer.

COOL UND LIBERAL

So weit der Ruf. Entspannt sozial ist Dänemarks Politik angeblich. Dabei bestimmt der Einfluss der rechtskonservativen Dansk Folkeparti seit vielen Jahren die Politik. Dänemark den Dänen, so wenig EU wie möglich. Migranten sollen draußen bleiben, oft sogar als Ehepartner. Cool?

to lautet: grüne Stromerzeugung, grüne Mobilität, grüner Energieverbrauch. So werden die Kopenhagener mit einem weltweit einzigartigen Fernwärmesystem versorgt, und 25 Prozent des städtischen Stroms stammt aus Windkraftanlagen. Wer über die Øresundbrücke fährt, sieht die 48 riesigen Rotoren im Meer stehen. Im öffentlichen Nahverkehr wurde auf Elektrobusse umgestellt. Die noch recht junge Metro wurde 2019 um 17 Stationen erweitert – diese U-Bahnhöfe spiegeln den jeweiligen Look an der Oberfläche.

Das neue Ökobewusstsein schlägt sich auch im täglichen Leben nieder: Nirgendwo werden so viele Biolebensmittel verkauft und verzehrt wie in der dänischen Hauptstadt. Die kleinste Kaffeebude verwendet Biobohnen, natürlich fair gehandelt. Auch Hotels werben mit ihrer ökologischen Ausrichtung. Das fängt beim Duschkopf an, der Wasser spart, und reicht bis hin zur Biominibar. Ein nachhaltiger Effekt der Kopenhagener Klimakonferenz von 2009.

ROYALTY

Eine Frau auf dem dänischen Thron? War in der Verfassung nicht vorgesehen. Erst eine Gesetzesänderung machte es möglich, dass 1972 die erste Frau den dänischen Thron besteigen konnte: Margrethe II. Sie gilt als Königin des Volkes und macht auch als Künstlerin von sich reden. Margrethe II. übersetzt Romane, entwirft Theaterkostüme und illustriert Bücher. 1967 heiratete sie den Diplomaten Henri Graf de Laborde Montpezat, aus dem Franzosen Henri wurde so der 2018 gestorbene dänische Prinzgemahl Henrik.

Die Söhne der beiden bescherten der Klatschpresse herzzerreißende Geschichten. So lernte Prinz Joachim nach einer gescheiterten ersten Ehe sein zweites Herzblatt bei einer Jagd kennen: 2008 gab er der Französin Marie Cavallier das Jawort. Sein älterer Bruder, Kronprinz Frederik, verliebte sich während der Olympischen Spiele 2000 in Sydney in die Tasmanierin Mary Donaldson. Vier Jahre später feierte Kopenhagen eine Märchenhochzeit. 2005 wurde Stammhalter Christian geboren, 2007 Tochter Isabelle. Damit nicht genug: 2011 bejubelte ganz Dänemark das doppelte Glück – Mary bekam Zwillinge. Ebenfalls Anlass zum Jubeln und Fähnchen schwenken gab es 2017. Margrethe II. zeigte sich ihrem Volk auf dem Balkon von Schloss Amalienborg zum 45-jährigen Thronjubiläum.

ADVENTSHYGGE

Das berühmte Wort *hygge* oder *hyggelig* meint das im besten Sinn coole Lebensgefühl der Dänen – entspannt, heimelig, glücklich. Der Siedepunkt des Hyggelig-Gefühls ist in der Adventszeit. Weihnachtsmärkte allerorten. *Æbleskiver*, warme Gebäckkugeln an Marmelade, versüßen den Winter. Der Tivoli mit seiner märchenhaften Lichtdramaturgie ist ab Mitte November das Highlight mit Plastikschnee, der kreative Hallenmarkt in der Grå Hal in Christiania am spannendsten. Leuchtende rote Herzen hängen über Strøget und Købmagergade. Am Kongens Nytorv glitzert das schönste Eisrund der Stadt vor dem Grand Hotel *D'Angleterre*. Zum besten Glühwein, dem hier mit Schnaps, Rosinen und Mandeln veredelten *gløgg*, verkriechst du dich in der uralten Souterrain-Weinstube *Hviids Vinstue*. Auch Winterbaden (nach Saunaschwitzen, bei Wassertemperaturen um 2 bis 4 Grad!) ist en vogue. Am schönsten natürlich, wenn du direkt vom Bootssteg ins eiskalte Nass springen kannst. Und es dir danach so richtig gemütlich machst.

SOZIALREZEPT

„Erst dann haben wir es zu wirklichem Reichtum gebracht, wenn wenige zu viel und noch weniger zu wenig haben." Eine Formel fürs Glücklichsein? Der Pfarrer und Dichter Nikolai Frederik Severin Grundtvig predigte diese Worte und ist damit der Begründer des dänischen Wohlfahrtsstaates. Er empfahl den Dänen folgendes Rezept: Jeder sollte das Recht auf freie Selbstentfaltung haben, allerdings unter der Bedingung, dass er dem anderen dadurch nicht schadet. Und diejenigen, die viel verdienen, sollten mittels Besteuerung an die wenig Verdienenden sowie an die Alten und Kranken etwas abgeben. Grundtvig gründete 1844 die Volkshochschulbewegung und gilt als Vater der Erwachsenenbildung an Volkshochschulen – auch in Deutschland. In Erinnerung an den populären Pfarrer und Pädagogen wurde ihm die aus 6 Mio. gelben Ziegelsteinen erbaute Grundtvigs Kirke im Kopenhagener Stadtteil Bispebjerg gewidmet.

Volksnah: Andere Royals winken von Balkonen, Margrethe II. & Co. bleiben auf dem Boden

SIGHT SEEING

Aufreizend und lässig zugleich spielt die Stadt mit deinen Gefühlen! Die Innenstadt (Indre By) ist oft märchenhaft romantisch, durchzogen von der Einkaufsmeile Strøget und dem Hafenkanal, locker durchsetzt mit schönen Verweilplätzen und Palästen. In Ørestad und Nordhavn überraschen dich Lebenswelten von morgen. Die fahrerlose Metro verbindet alles.

Skandinavien mit mediterranem Touch: So fühlt sich's an, wenn Kopenhagener und Gäste am Wasser sitzen, am Schauspielhaus und an der Bibliothek Schwarzer Diamant oder in Christianshavn. Im

Schippern und schauen: Der Schwarze Diamant (links) liegt am Ufer Christians Brygge

sauberen Hafenwasser kannst du sogar baden. Mit der Metro oder auf dem Fahrrad eroberst du die Viertel Vesterbro, Nørrebro und Østerbro, die gegen den Cityglanz Nachbarschaftszenen von liberaler Lässigkeit setzen. Oder zieht es dich raus an den Beach? Amager Strand ist gleich beim Airport.

DIE STADTVIERTEL IM ÜBERBLICK

MARCO POLO HIGHLIGHTS

★ **KØDBYEN**
Vom Schlachthofviertel zum Ausgehmekka ➤ S. 56

★ **AMAGERTORV**
Zentrum und Ruhepol der Fußgängerzone Strøget
➤ S. 33

★ **TIVOLI**
Zuckerwatte, Vertigo und Dänenrock – der Vergnügungspark schlechthin!
➤ S. 30

★ **OPERAEN**
Stolz schaut das Opernhaus über das Wasser auf die Stadt ➤ S. 96, 42

★ **AMALIENBORG SLOT**
Das Zuhause der Königsfamilie in einem vierflügeligen Rokokoschloss
➤ S. 46

★ **JÆGERSBORGGADE**
Kopenhagens interessanteste Ladenstraße
➤ S. 52

★ **DESIGNMUSEUM DANMARK**
Zeitlose, demokratische Möbel, Lampen und Schriften machen glücklich – auch beim Anschauen ➤ S. 46

★ **LOUISIANA MUSEUM FOR MODERNE KUNST**
Kunst in herrlichem Küstenambiente ➤ S. 63

★ **ØRESTAD**
Das Kopenhagen von morgen ➤ S. 61

★ **DEN BLÅ PLANET**
Aquarium, das Wellen schlägt: innen und außen Dramatik pur ➤ S. 60

SÜDLICH DER STRØGET

Hinein ins Vergnügen. Magnetisch zieht uns dieses Viertel zwischen Hauptbahnhof und dem Kongens Nytorv an.

Jubel und Trubel im Tivoli, Einst und Heute im Rathaus und im Christiansborg Slot, Kunst, Kultur und Badespaß am Nordufer des Innenhafens. Und zig mehr oder weniger kostspielige Anziehungspunkte: Geschäfte zum Schauen und Shoppen.

1 TIVOLI ★

Jahrmarkt – das wäre eine Beleidigung. Nun gut, es gibt brave Karussells, eine Schwindel erregende Achterbahn, Spielbuden, Losverkäufer. Dazu Kaffee , Kuchen und Zuckerwatte, mehr als 40 Restaurants, es wird Theater gespielt, getanzt oder in beschaulich grünen Nischen bei Wasserspielen geträumt. Doch das Tivoli ist kein Budenzauber mit Remmidemmi, hier wird nicht gekreischt, hier dröhnt keine Musik. Das Tivoli ist ein Park zum Vergnügen für alle Sinne.

Genau das hatte auch der Gründer im Sinn: „Wenn sich das Volk amüsiert, politisiert es nicht." So überzeugte der Journalist Georg Carstensen (1812–57) König Christian VIII., vor den Stadtwällen einen Vergnügungspark bauen zu dürfen. Der König sagte Ja, und am 15. August 1843 öffnete das Tivoli. Nachdem der Stadtwall geschleift worden war, gehörte auch der Wallgraben zum Tivoli – heute der See mitten im Vergnügungspark. Am besten besuchst du mit Einbruch der Dunkelheit das Tivoli – Ende März bis Ende September kommt eine Lasershow am See dazu. Auf der Bühne wird täglich Livemusik geboten, oft treten einheimische Künstler auf – mit begeisterter Anhängerschaft. Ein Tivoli-Besuch pro Jahr ist Pflicht: Jeder Däne will hierher, am besten mit den Kindern. *31. März–24.Sept, 12.Okt.–5. Nov., 19. Nov.–30. Dez. tgl. 11–22 Uhr, Fr, Sa bis 23, 31. Dez. 11–0.30 Uhr, 24. Dez. geschl. | Eintritt ab 155 DKK, Kinder 3–7 J. ab 60 DKK (Fahrgeschäfte kosten extra!) | Vesterbrogade 3 | tivoligardens.com | Metro København H (Hovedbanegård), Bus 2A, 5C, 7A Hovedbanegården | 1–2 Std. | a3–4*

INSIDER-TIPP
Wenn die Lichter tanzen

WOHIN ZUERST?

Amagertorv *(b3)*: Von diesem Platz aus hast du alle Möglichkeiten. Zu Fuß erreichst du das Christiansborg Slot und die Königliche Biblicthek am Innenhafen. Oder du entscheidest dich für einen Bummel durch die Købmagergade bis zum Rundetårn, von dessen Aussichtsplattform du dir einen Überblick über die Stadt verschaffen kannst. Dein Auto kannst du im Parkhaus (Silkegade 4, hinter dem Kaufhaus Illum) abstellen. Nimm den Bus 2A bis Børsen und Christiansborg oder die Metro bis Kongens Nytorv.

2 NY CARLSBERG GLYPTOTEK

„Carl, so geht es nicht weiter. Die Skulpturen müssen raus aus dem Wintergarten!" Ob Ottilia ihren Mann tatsächlich derartig ermahnte, ist nicht überliefert. Sicher ist: Der Bierbrauer Carl Jacobsen sammelte vorwiegend Skulpturen, stellte diese in seinen Wintergarten und öffnete ihn für die Kopenhagener. Irgendwann war kein Platz mehr, und die kunstverliebten Jacobsens unterbreiteten der Stadt ein Angebot: Wir schenken euch die Sammlung, wenn ihr den Bau eines Museums unterstützt. 1892 wurde der Architekt Vilhelm Dahlerup damit beauftragt. Heute verfügt die Ny Carksberg Glyptotek über die größte Sammlung von Werken Auguste Rodins außerhalb Frankreichs und Bilder von Édouard Manet, Claude Monet, Paul Gauguin und Paul Cézanne.

Wenige Jahre nach der Eröffnung wurde der Bau erweitert. Verbunden sind alter und neuer Trakt durch einen imposanten Glasdom. Unter der Kuppel kannst du dir inmitten von Palmen, subtropischem Grün und einem plätschernden Brunnen eine Pause gönnen. *Di–So 10–17, Do 10–21 Uhr | Eintritt 125 DKK, Di frei, unter 18. J. frei | Dantes Plads 7 | glyptoteket.dk | Bus 12A, 11, 21, 37 Glyptoteket/Tietgensgade | 1 ½ Std. | a4*

3 RÅDHUS (RATHAUS)

Die kleinen Eisbären auf dem First des Rathauses sind ein nordisches Accessoire zum italienischen Renaissancestil. Der Architekt Martin Nyrop reiste extra ins italienische Siena, um sich dort inspirieren zu lassen. Platz gab es

Kopfüber rein ins bonbonbunte Vergnügen namens Tivoli

genug für das neue Rathaus. Als man 1850 den Westwall schleifte, entstand am *Rådhuspladsen* ein riesiges Areal in zentraler Lage. 1903 konnte die Bürgervertretung einziehen und der 1000 m² große Festsaal eingeweiht werden.

Der Mann in Gold über der Rathaustür ist der Gründer der Stadt, Bischof Absalon (1128–1201). Neben dem Haupteingang tickt Jens Olsens beeindruckende *Verdensur* (Weltuhr), eine Uhr mit zwölf Laufwerken, die neben den Uhrzeiten in aller Welt den Sonnen- und Sternenlauf sowie den gregorianischen und julianischen Kalender zeigt. Vom 106 m hohen Rathausturm mit seinen 300 Treppenstufen hast du eine phantastische Sicht auf die Stadt. Die Kontraste beim Rundumblick über den Rådhuspladsen sind beeindruckend. Der größte Platz der Stadt wird von zwei weiteren Türmen überragt und wirkt recht homogen; auf ihm versammeln sich zu besonderen Anlässen bis zu 80 000 Menschen. Zur vielspurigen Verkehrsader H.C. Andersen Boulevard gewandt, dominiert in XXL-Breite plötzlich der Verkehr. Reklameschriften leuchten auf, speziell am modernisierend mit Glas abgehangenen *Industriens Hus*, Heimat des Arbeitgeberverbandes. Hier fühlst du dich fast wie am Londoner Piccadilly Circus. *Rathaus Mo–Fr 9–16, Sa 9.30–13 Uhr, Führung Mo–Fr 13, Sa 10 Uhr, Turm Mo–Fr 11 und 14, Sa 12 Uhr, Weltuhr Mo–Fr 9–17, Sa 10–13 Uhr | Eintritt Rathaus frei, Rathausführung 65 DKK, Turm 45 DKK | kk.dk | Metro, Bus 2A, 5C, 94N Rådhuspladsen |* a3

Reisegefährten verloren? Trefft euch am Storchenbrunnen auf dem Amagertorv

4 STRØGET

Auf Stadtplänen wirst du die Bezeichnung Strøget („Strich“) meist vergeblich suchen – aber die Strøget ist nicht zu übersehen. Europas erste Fußgängerzone (1962) setzt sich aus mehreren Straßen und Plätzen zusammen. Plötzlich bist du mitten im Shoppingstrom, der sich vom Rådhuspladsen in einer Länge von mehr als 1 km zum Kongens Nytorv schlängelt. Der Rathausplatz steht dabei für das demokratische, der Kongens Nytorv für das königliche Kopenhagen. In Rathausnähe regieren noch Fastfoodketten,

Softeis, Souvenir- und Wechselstuben, doch mit jedem Meter weiter in Richtung Kongens Nytorv werden die Auslagen in den Schaufenstern exklusiver und teurer. Shopping geht auch intimer: Parallel zur Strøget verläuft die kleinere Strædet mit Souterrainläden und Café-Restaurants.

INSIDER-TIPP
Hier schauen, dort kaufen

Das Ende der Strøget, die Østergade, ist seit jeher Kopenhagens feinste Adresse. Schon Ende des 18. Jhs. wurden hier die Bürgersteige mit Platten belegt, damit die Damenwelt sauberen Fußes flanieren konnte. Der schönste Platz ist der Amagertorv mit dem tollen *Café Norden*, den Showrooms der Porzellanmanufaktur *Royal Copenhagen* und *Illums Bolighus*. Vom Platz mit dem Storchenbrunnen geht die feine Shoppingstraße Købmagergade ab, die bis zum Turm Rundetårn läuft. *a–c 3–2*

5 AMAGERTORV ★

Am Amagertorv landet jeder Kopenhagen-Besucher unweigerlich. Und das hat seine guten Gründe: Hier lockt *Illums Bolighus* mit dänischem Design, verkauft *Royal Copenhagen* in einem wunderschönen Renaissancegebäude Porzellan, Glas und Silber. Im Sommer, wenn vor dem *Café Norden* Tische und Stühle in der ersten Reihe stehen und die jungen Kopenhagener den markanten Storchenbrunnen (1894) bevölkern, heißt es Sehen und Gesehenwerden. Das schönste Haus am Platz ist sicher Nr. 6, das 1616 im niederländischen Renaissancestil erbaut wurde.

Glückliche Dänen: entspannen im Café, während ihre Vertreter im Parlament debattieren

Beim Amagertorv solltest du dir an einer der Würstchenbuden *(pølsevogn)* einen typischen dänischen Hotdog nicht entgehen lassen. *b3*

6 NIKOLAJ KUNSTHAL

Was für eine Karriere: von der Kirche zum Kunstraum. Nach dem Stadtbrand 1795 war von der Nikolaj Kirke wenig übriggeblieben. Für den Wiederaufbau fehlte das Geld, und so wurde 1804 die Gemeinde rund um den Nikolaj Plads aufgelöst, die Stadtschlachter durften ihre Buden im verlassenen Kirchhof aufbauen. Erst mit dem Wiederaufbau der Kirche 1917 zogen die Schlachter weiter, das Kirchenschiff wurde als Marinemuseum und öffentliche Bibliothek genutzt, bis in den 1960er-Jahren die Kunst in die Kirche zog. Im renovierten Kirchenschiff werden Installationen und andere zeitgenössische Kunstwerke gezeigt. Im Seitenflügel haben Köche und Kellner Tische im *Maven* *(s. S. 77)* gedeckt. *Di–Fr 11–18, Sa, So 11–17 Uhr, Turm Sa, So 15 Uhr | Eintritt 90 DKK, Kinder 30 DKK, Mi frei | Nikolaj Plads | nikolajkunsthal.kk.dk | Metro Kongens Nytorv | 45 Min. | b3*

7 THORVALDSENS MUSEUM

Treu war der Bildhauer Bertel Thorvaldsen (1770–1844) seiner Heimatstadt Kopenhagen nicht immer. Mit 26 Jahren zog er nach Rom, dank zahlreicher Aufträge und vermögender Mäzene konnte er's sich dort gutgehen lassen. Erst mit 68 Jahren kehrte er in seine Geburtsstadt zurück und starb dort fünf Jahre später. Doch Thorvaldsen vermachte Kopenhagen nicht nur seine Kunstsammlung, sondern sein gesamtes Vermögen – mit dem Wunsch, man möge für seine Werke ein Museum bauen. Frederik VI. spendete das Baugrundstück auf Slotsholmen. Zu sehen sind zahlreiche Skulpturen – Originale, Repliken und Entwürfe. Im Innenhof liegt das Grab des bekanntesten dänischen Bildhauers. *Di–So 10–17 Uhr | Eintritt 95 DKK, Mi frei, unter 18 J. frei | Bertel Thorvaldsen Plads 2 | thorvaldsensmuseum.dk | Metro Gammel Strand, Bus 2A, 23, 31 37 Stormbroen | 20 Min. | b3*

8 CHRISTIANSBORG SLOT

Was für ein vernichtendes Urteil: „Die Residenz des Königs ist die am schlechtesten gelegene, ärmlichste und unbequemste in der ganzen Welt", notierte 1692 ein englischer Diplomat. Zu dieser Zeit war Christiansborg eine spätmittelalterliche Burg, die bereits 500 Jahre auf dem Buckel hatte. Es halfen auch keine Umbauten und Renovierungen, die Burg blieb glanzlos. Christian VI. (1699–1746) setzte dieser Schande ein Ende, ließ das Gebäude 1731 abreißen und baute sich ein Barockschloss, das seinen Namen verdiente: Christiansborg. Doch der Brand von 1794 verwüstete Christiansborg, die Königsfamilie zog nach Amalienborg. Der Nachfolgebau Christiansborg II. brannte ebenfalls nieder, lediglich die Kirche blieb stehen.

Christiansborg III. wurde 1907–28 gebaut. Der Kupferturm ist mit 106 m der höchste der Stadt. Darunter, im *Folketing* – dem dänischen Parlament –, entscheiden Politiker über das Schicksal des Königreichs. Auch der Ministerpräsident und die Vertreter der Exekutive, Legislative und Judikative gehen hier ihrer Arbeit nach. Regierung und Rechtsprechung unter einem Dach: Das ist weltweit einzigartig. Und auch wenn Margrethe II. Staatsbesuch erhält, schüttelt sie hier die Hände. Selbst „normale" Besucher dürfen hier hinein und sogar hoch hinaus: auf den *Turm des Folketing (Di–So 11–21 Uhr | Eintritt frei)*. Bei klarem Wetter reicht der Blick bis hinüber nach Schweden. Auch die Königlichen Ställe samt Pferden und Kutschen und das einstige *Königliche Hoftheater* (1767), heute Requisitenmuseum, können besichtigt werden. *Repräsentationsräume und Ruinen April–Okt. 9–17 Uhr, Nov.–März Di–So 10–17 Uhr; Königliches Theater Di–So 12–16, Sa/So 13–16 Uhr; Königliche Ställe April–Okt. tgl. 13–16 Uhr, Nov.–März Di–So 13–16 Uhr | Kombiticket 160 DKK | kongeligeslotte.dk | Metro Gammel Strand, Bus 2A, 23, 31, 37 Stormbroen | 1 ½ Std. | b3*

9 BØRSEN (BÖRSE)

Der Auftrag lautete: Baut mir eine attraktive Markthalle. Doch dann war Christian IV. von dem Neubau alles andere als begeistert. Die Baumeister Laurens und Hans von Steenwinckel erkannten endlich den Geschmack ihres Königs. Er liebte es nun mal verspielt. So verzierten sie das Gebäude mit kleinen Giebeln und setzten vier ineinander verschlungene, skurrile Drachenschwänze aufs Dach, die seit

1640 in den Himmel ragen. Nun war der König zufrieden. Den modernen Börsianern wurde es bald zu eng unter den Drachen. Heute residiert in der Börse die Handelskammer. *Slotholmsgade | Bus 2A, 31, 37 Børsen | c3*

10 DEN SORTE DIAMANT (SCHWARZER DIAMANT)

Gewagt, aber in den Augen der Kopenhagener durchaus gelungen ist der moderne Teil der Königlichen Bibliothek am Ufer Christians Brygge. Alles, was in Sachen Stadt und Staat zu Papier gebracht wurde, wird hier verwahrt. Zudem befindet sich hier das *Nationalmuseum für Fotografie (Det nationale Fotomuseum)*, das dreimal im Jahr Ausstellungen aus seiner umfangreichen Sammlung zeigt.

Asymmetrisch heißt das Zauberwort der Architekten Morten Schmidt, Bjarne Hammer und John E. Lassen, die 1999 den Bau vollendeten. Mit der ungewöhnlichen Linienführung und den asymmetrischen Fenstern strahlt der 24 m hohe schwarze Kubus etwas Leichtes und Elegantes aus. Nicht gespart haben die Bauherren am Material. Der schwarze Granit aus Simbabwe gab dem Bau seinen Namen. *Ausstellungen Mo–Fr 8–21, Sa 9–19 Uhr | frei zugänglich | Christians Brygge 9 | kb.dk | Bus 26, Hafenbus Det Kongelige Bibliotek | 30 Min. | c4*

11 DANSK ARKITEKTUR CENTER (DAC)

Passend zur Architekturrevolution der Stadt zog das DAC ganz prominent in das 2018 eröffnete multifunktionelle BLOX neben der Königlichen Bibliothek um. In Ausstellungen und Filmen erlebst du Ikonen wie Jørn Utzorn (der die berühmte Oper in Sydney gebaut hat) und bekommst Ideen zur Stadtplanung vorgestellt. Im BLOX, das du über eine Rolltreppe abwärts erreichst, gehört aber nur ein Viertel der Fläche dem DAC, der Rest ist eine Mixtur aus Fitness-Studio, Restaurant mit Hafenblick von der Terrasse, Penthouse und Büros.

Weil das Star-Architektenbüro Rem Kohlhaas alles in Glas verpackt hat, hast du tolle Einblicke ins Innenleben des Gebäudes, das so auch einen spannenden Kontrast zum gemütlichen Stadtbild setzt. Wie bei der nahen Bücherei durchströmt der Autoverkehr das Gebäude und sorgt für Citylärm. Ob es nun gefällt oder nicht – das BLOX setzt ein reizendes Ausrufezeichen zu anderen Kultbauten am Innenhafen. *Tgl. 10–18, Do bis 21 Uhr | Eintritt 115 DKK, unter 18 J. frei | Bryghusgade 10 | dac.dk, blox.dk | Bus 26, Hafenbus Det Kongelige Bibliotek | 1 ½ Std. | b4*

12 NATIONALMUSEET (NATIONALMUSEUM)

Ein wenig lustvolles Herumirren gehört zwar zum Museum. Aber wenn du hier nicht ziellos herumlaufen willst und dich durch die Jahrtausende der dänischen Geschichte treiben lassen willst, lässt du dir am Eingang am besten gleich einen Lageplan geben. Und schau dir auf jeden Fall den *Sonnenwagen* an! Die von einem Pferd gezogene vergoldete Sonnenscheibe stammt aus dem Jahr 1400 v. Chr. Dann hast du die Qual der Wahl: Objekte aus der Vor- und Frühgeschichte, Funde aus der Wikingerzeit, der Renaissance oder aus Dänemarks neuerer Geschichte (1660 bis heute) mit einer Abteilung zum täglichen Leben bei Adel, Bürgern, Handwerkern und Bauern, das anhand von Trachten, Möbeln und Silber gezeigt wird. Im königlichen *Münz- und Medaillenkabinett* lagern Geldstücke der Antike über die Wikinger bis zur Neuzeit und dänische Goldmedaillen von 1550 bis 2000.

Einer Weltreise gleicht der Besuch der völkerkundlichen Abteilung mit Exponaten der grönländischen, afrikanischen, polynesischen und asiatischen Kultur. *Di–So 10–17 Uhr, Juni–Sept. bis 18 Uhr | Eintritt 110 DKK, unter 18 J. frei | Ny Vestergade 10 | natmus.dk | Bus 2A, 23, 31, 37 Stormbroen | 1 ½ Std. |* *b3–4*

NÖRDLICH DER STRØGET

Im Viertel rund um das alte Universitätsgebäude überraschen kleine Läden, oft Geschäfte im Souterrain, mit ihrem ganz individuellen Angebot.

Flagship Stores wirst du hier vergeblich suchen. Nördlich der Strøget geht es ziemlich beschaulich zu. Im einstigen Univiertel flanieren Freunde des Feinen auf der Suche nach Extravagantem und schlemmen in ungezählten Cafés und Restaurants aller Herren Länder und Preisklassen. Da die meisten Gassen und Plätze für Autos tabu sind, herrscht nahezu kleinstädtische Ruhe.

Außen dunkel, innen überraschend hell, luftig, transparent: der Schwarze Diamant

13 VOR FRUE KIRKE (LIEBFRAUENKIRCHE)

So richtig will die Vor Frue Kirke, auch Dom zu Kopenhagen genannt, nicht ins Stadtbild passen. Sie erinnert eher an Rom oder Athen; das Portal mit seinen sechs wuchtigen Säulen gleicht einem Tempel oder Pantheon. Die einstige Backsteinkirche wurde 1807 von der britischen Flotte in Schutt und Asche gelegt. Ein Wiederaufbau kam für die Stadtväter nicht in Frage; sie wollten einen Neubau im modernen Stil. Und modern war damals der Neoklassizismus mit römisch-griechischen Elementen. So bekam der dänische Architekt C. F. Hansen (1756–1845) den Auftrag, eine neue Frauenkirche zu bauen.

Heute rühmen Architekten das Bauwerk als hervorragendes Beispiel des „Goldenen Zeitalters" des dänischen Klassizismus. Zugleich war und ist es Schauplatz gesellschaftlicher Ereignisse. Hier fanden die Trauergottesdienste für Hans Christian Andersen und Søren Kierkegaard statt; am 14. Mai 2004 traten Kronprinz Frederik und seine Mary vor den Altar.

INSIDER-TIPP **Andächtig lauschen**

Spirituell im besten Sinn sind die ökumenischen Andachten, Meditationen und Low-Fi-Konzerte *(Do, Fr, So 19–23 Uhr | domkirken.dk, natkirken.dk). Mo–Do, Sa 8.30–17 (Fr 10.30–12 Uhr geschl.), So 12–16.30 Uhr | Nørregade 8 | domkirken.dk | Bus 11, 31, 33 Gammeltorv | 30 Min. | a3*

Herrlich hyggelig ist's am Gråbrødretorv

14 LATINERKVARTERET

Ein Hauch von studentischem Leben durchzieht noch die Sträßchen rund um die Vor Frue Kirke. Seit die meisten Institute nach Amager verlegt wurden, erinnern nur noch das alte Universitätsgebäude mit den Gelehrtenbüsten und die aufgelassene Bibliothek in der Fiolstræde an Studentenzeiten. Auch wenn sich das Latinerkvarteret nicht mit dem Pariser Quartier Latin vergleichen lässt, ist es mit seinen Buchhandlungen, Cafés, Antiquariaten, französischen Restaurants und Kneipen das bunteste Viertel im Zentrum Kopenhagens. Viele Restaurants servieren bis 17 oder 18 Uhr Gerichte zu, sagen wir, studentischen Preisen. *a2*

15 GRÅBRØDRETORV

Herrlich hyggelig und irgendwie absichtsvoll versteckt liegt der Platz fast wie ein intimer Innenhof unweit vom

extrovertierten Amagertorv. Nur der Name Graubrüderplatz erinnert noch an das längst verschwundene Franziskanerkloster aus dem 13. Jh. Abgebrannt, von britischen Kriegsschiffen 1807 bombardiert, wurde der Platz mit einer großen Platane und pastellfarbenen Fassaden 1968 vom Verkehr befreit und bietet das Abziehbild der hiesigen Stadtplanung. Ein klobiger Brunnen befreit ihn vom Hauch des Kitschigen. Setz dich einfach hin, genieße ein Bier oder eine Mahlzeit, und schau den fitten älteren Damen auf ihren Fahrrädern mit blumengeschmückten Lenkradkörben zu. *b2*

16 RUNDETÅRN (RUNDER TURM)

Ein 34 m hoher Turm ohne Treppe – wie hinauf? Über eine breite steinerne Rampe, erdacht von Christian IV. Er wollte mit Pferd und Wagen auf die oberste Plattform. So ließ er einen 209 m langen stufenlosen Spiralgang konstruieren, um in 35 m Höhe dem Sternenhimmel näher zu sein.

Bis 1861 diente der Turm als Observatorium der Universität Kopenhagen, heute schauen dort nur noch Amateurastronomen ins Fernrohr. Nachdem 1950 eine alte Putzschicht abgeschlagen wurde, kann man erkennen, wie die Maurer die holländischen Backsteine wechselweise in gelben und roten Streifen verarbeitet haben. Von der Aussichtsplattform des Runden Turms hast du einen wunderbaren Blick auf die Altstadt von Kopenhagen – und durch eine dicke Glasplatte in den Turm hinunter. Das schmiedeeiserne Geländer rund um die Plattform wurde im Jahr 1643 montiert. In sieben der 54 Gitterfelder sind das Monogramm Christian IV. und die Buchstaben RFP geschmiedet. Sie stehen für einen Wahlspruch des Königs: *Regna firmat pietas* – Frömmigkeit stärkt die Reiche. *April–Sept. tgl. 10–20 Uhr, Okt.–März tgl. 10–18, Di/Mi bis 21 Uhr | Eintritt 40 DKK, Kinder (5–15 J.) 10 DKK | Købmagergade | rundetaarn.dk | Metro Nørreport | 20 Min. | b2*

CHRISTIANSHAVN

Amsterdam oder Kopenhagen? Christianshavn ist eine andere Welt. Und es ist kein Zufall, dass du vielleicht einen Moment lang denkst: Hoppla, hier ist es ja wie in Holland.

Christianshavn wurde im 17. Jh. von den Holländern angelegt und gleicht noch heute einem Grachtenstädtchen. Anziehungspunkte für Touristen sind der „Freistaat" Christiania und die Vor Frelsers Kirke. Mehr nobel als niederländisch gibt sich Christianshavn im Norden auf dem einstigen Kasernengelände Holmen. Wer etwas auf sich hält und es sich leisten kann, bezieht hier ein Apartment mit Blick auf den Sund und wohnt in direkter Nachbarschaft zur Oper.

17 FRISTADEN CHRISTIANIA (FREISTADT CHRISTIANIA)

Anfang der 1970er-Jahre wurde *Fristaden Christiania* von Jugendlichen ausgerufen, nachdem sie das vom

Voodoo, Hüttenzauber, Drogenparadies? Ade Klischee, Christiania ist auf jeden Fall anders

Militär verlassene Areal im Stadtteil Christianshavn besetzt hatten. In den ersten Jahren kam es zu heftigen Auseinandersetzungen zwischen Staat und „Freistadt". Im *Folketing* (Parlament) stritten die Parteien, ob man die Aussteiger dulden oder das Gelände mit Gewalt räumen sollte. Schließlich einigten sich die Politiker auf die Formel „soziales Experiment" und legalisierten das Projekt Christiania. Nicht ohne Folgen: Der selbst verwaltete Stadtteil lockte all jene an, die meinten, in der Freistadt sei alles erlaubt – auch das Dealen mit Drogen.

Doch die Zeit regelte von selbst, was in den Pionierjahren noch für Aufregung sorgte: Anfang der 1980er-Jahre erklärten die Bewohner, Christiania solle *junkfri* werden. Mittlerweile stehen allerdings wieder zahlreiche Haschisch- und Marihuanastände auf der Pusher Street, und die Polizei erscheint oft genug zum Räumen.

INSIDER-TIPP
No photos!

Vorsicht, ihr Instagramer! Fotografieren ist in Teilen Christianias tabu, besonders rund um die anrüchige Pusher Street.

Heute ist Christiania eine Top-Touristenattraktion mit 500 000 Besuchern pro Jahr. Auf jeden Bewohner kommen damit etwa 500 Besucher pro Jahr. Die Christianiter verdienen ihr Geld mit Restaurants, Kneipen, Kunst, Kultur und dem Bau von Lastenfahrrädern. Christiania wird als autonomes Projekt von den Politikern geduldet. Mehr noch: Die Christianiter haben das Gelände gekauft; zu einem Preis, der so manchem Immobilienhändler die Tränen in die Augen treibt:

76 Mio. Kronen, gut 10 Mio. Euro. Eine Stiftung will das Geld im Lauf der nächsten Jahrzehnte mittels Spenden und sogenannter Volksaktien aufbringen. Trotz des Friedens soll Christiania keine Freistadt für Verbrecher werden. Ein bestimmter Duft liegt hier immer in der Luft. Garantiert rauchfrei sind die Führungen auf Englisch *(Juli/Aug. tgl. 15 Uhr, Sept.–Juni Sa/So 15 Uhr, Treffpunkt Haupteingang | 60 DKK). Prinsessegade/Bådsmandsstræde | Infos unter Tel. 21 85 38 78 oder rundvisergruppen.dk | Metro Christianshavn | 1 Std. | d4*

INSIDER-TIPP
Gucken ohne Kiffen

18 VOR FRELSERS KIRKE (ERLÖSERKIRCHE)

Du hast Höhenangst oder neigst zur Panik, wenn es eng wird? Dann bleib besser im Kirchenschiff. Oder sei mal mutig; es lohnt sich auf jeden Fall. Denn um die Turmspitze der Erlöserkirche (1692–96) windet sich eine vergoldete Außentreppe mit 150 Stufen, die zur Spitze hin immer schmaler werden. Was für ein Stadtblick aus luftiger Höhe! Der hat schon Jules Verne inspiriert. In seinem Roman „Reise zum Mittelpunkt der Erde" besteigt jemand den Turm, um seine Höhenangst zu kurieren. Sehenswert in der Kirche sind der filigrane Altar von Nicodemus Tessin d. J. mit den Säulen aus rotflammigem Marmor (1732) und die von zwei Stuckelefanten getragene zweigeschossige Orgel (1698). *Kirche tgl. 9–20 Uhr, Turm tgl. 11–17 Uhr | Eintritt 60 DKK, Kinder 5–14 J. 20 DKK | vorfrelserskirke.dk | Metro Christianshavn, Bus 2A Prinsessegade | d4*

19 CIRKELBROEN

Kopenhagen vom Wasser aus genießen: Das ist auf der vom dänisch-isländischen Künstler Olafur Eliasson 2015 entworfenen Fußgänger- und Fahrradbrücke über den Christianshavn-Kanal ein ganz besonderes Erlebnis. Der Hingucker im Hafenbecken gleicht einer Ansammlung von Segelbooten im Zickzackkurs. Jede der fünf runden Plattformen mit knallrotem Geländer ist individuell geschwungen und hat einen kleinen Fahnenmast in der Mitte. Das Gesamtkonstrukt kann durchaus als Kunstwerk verstanden werden und ist der unnachahmliche Beweis, wie viel Wert in Kopenhagen auf Radfahren, Kunst und Stadtplanung gelegt wird. Du schaust direkt auf die Königliche Bibliothek gegenüber. *Metro Christianshavn | c4*

20 OPERAEN ★

Wer soll das bezahlen? Lange beschäftige diese Frage Volk und Parlament. Der Reeder und Containermilliardär Mærsk Mc-Kinney Møller hatte diese Debatte schließlich satt. Er spendiert seinen Landsleuten kurzerhand 335 Mio. Kronen für den Bau der Oper. Der Architekt Henning Larsen bekam den Auftrag, eine Oper von Weltruf mit überragender Akustik zu bauen – eine knifflige Aufgabe. Attraktion ist sicher das Flachdach, das in einer Höhe von 24 m über der Oper thront – und dabei 32 m über den Eingang ragt. Über die Sicherheitsgurte am

Bühne für die Pause: das grandiose Opernfoyer mit drei Lichtskulpturen von Ólafur Elíasson

Glasbug zerstritten sich Bauherr und Architekt nachhaltig. Hingucker sind auch die Golddecke und die Kronleuchter von Olafur Eliasson. ⚑ Allein die Fahrt mit dem *havnebus* zur Oper ist ein Erlebnis – von den Schiffen hast du einen herrlichen Blick auf Stadt und Musentempel.

Kritiker befürchteten, dass der königliche Palast vis-à-vis an Austrahlung verlieren könnte. Doch nach der Fertigstellung im Jahr 2005 verstummten die meisten Bedenkenträger. Bis 2024 wird neben der Oper ein Landschaftspark mit Pflanzen aus aller Welt entstehen – auch ein Tropenhaus. Täglich werden Führungen *(135 DKK, auch auf Englisch)* angeboten. Das 2008 gegenüber eröffnete Schauspielhaus stiehlt übrigens der Oper klar die Schau: Mit seinem Plankenweg und dem Ofelia Plads wirkt es weniger bombastisch und dadurch anziehender auf Flanierer und Verweiler. *Holmen* | *kglteater.dk* | *Hafenbus Operaen* | *N5*

FREDERIKS-STADEN

Hier wohnt die königliche Familie, schaut die Kleine Meerjungfrau aufs Wasser, gönnen sich Kopenhagener eine Pause im Park, während Touristen in den Trubel am Nyhavn eintauchen.

Bereits der Blick auf den Stadtplan zeigt es: Frederiksstaden ist kein gewachsenes Viertel mit verwunschenen

Gassen; dieses Quartier mit den beiden Boulevards Bredgade und Store Kongensgade wurde Mitte des 18. Jhs. nach französischem Vorbild geplant und angelegt. Die Auslagen der Galerien, Möbel- und Antiquitätengeschäfte bezeugen es: Frederiksstaden ist das „königliche“ Kopenhagen.

21 KONGENS NYTORV

Kopenhagens größter Platz und Verkehrsknotenpunkt: Hier mündet die Strøget; hier endet der Stichkanal des Nyhavn; hier kreuzen Metro- wie Buslinien. Bereits 1670 entwickelte sich der Platz zum Zentrum Kopenhagens. Christian V. ließ Kongens Nytorv pflastern, nicht zuletzt aus militärischen Gründen, denn des Königs neuer Platz eignete sich als Sammelpunkt. Von hier aus waren die Wege für die Soldaten zu den Befestigungsanlagen rund um die Stadt ähnlich weit. Grundstücke wurden nur an Wohlhabende vergeben, von denen man erwarten konnte, dass sie die Bauvorschriften erfüllten: mindestens zweistöckige Gebäude mit massiver Fassade zur Straße hin.

Im 17. Jh. wurden das Schloss Charlottenborg, seit 1754 Kunstakademie, und das gegenüberliegende *Thotts*

Palais, heute Sitz der französischen Botschaft, gebaut. 1749 kam *Det Kongelige Teater* dazu, 1795 das älteste Hotel der Stadt, das D'Angleterre. Im Zentrum des größten Platzes von Kopenhagen sitzt Christian V. als römischer Imperator hoch zu Ross. Das Kaufhaus Magasin du Nord lässt deine Kreditkarte bluten. Am stimmungsvollsten ist der prächtige Platz im Winter, wenn er zur Eislauffläche wird und du dort deine Runden drehen kannst. *Metro Kongens Nytorv* | *c2*

INSIDER-TIPP
Pack die Schlittschuhe aus!

22 NYHAVN

Verrucht oder anständig? Prostitution, Schlägereien, Tavernen für Seeleute, das war einmal. Nur die Namen der einstigen Kaschemmen „Hong Kong" und „Cap Horn" erinnern an jene Zeit. 1671–73 ließ König Christian V. den Stichkanal graben. Die Wasserstraße sollte den Hafen mit dem Zentrum verbinden, sodass die Segelschiffe mitten in der Stadt festmachen und gelöscht werden konnten.

Nyhavn hat heute wie damals zwei unterschiedliche Seiten: die sonnige, damals sündige mit den farbigen Häusern, und die schattige, anständige, wo wenig los ist. Inzwischen ist Nyhavn zur Kneipen- und Restaurantmeile mit mehrsprachigen Speisekarten und Touristenmenüs geworden. Sind alle Stühle besetzt, ist immer noch ein Plätzchen auf der Kaimauer frei. Auch dein Bier darfst du dorthin mitnehmen – und dann in Ruhe den wunderbaren Blick auf die Boote im Hafen und auf die bunten Fassaden der Häuser genießen. Auffällig ist das kleine blaue Haus Nyhavn Nr. 9 mit der Jahreszahl 1681, das älteste Haus

Viel Platz fürs Eislaufen im Winter und für Flohmarktstände im Sommer: Kongens Nytorv

im „Neuen Hafen". Hier wohnte nicht, wie oft behauptet, der Dichter Hans Christian Andersen. Es ist in Form und Größe genau der Haustyp, der das Kopenhagener Stadtbild vor dem Brand 1728 prägte. Übrigens: Andersen lebte in den Häusern Nr. 18, 20, 67 und 69. *c2*

23 AMALIENBORG SLOT (SCHLOSS AMALIENBORG) ★

Hier wohnt die Königin, genauer gesagt, im südöstlichen der vier Paläste. Ist sie zu Hause, weht auf diesem Dach der Dannebrog, die dänische Flagge.

Es war die Idee Frederiks V. (1723–66), rund um den achteckigen Amalienborger Schlossplatz vier Palais zu errichten. Da der König nicht selber bauen wollte, verschenkte er die Baugrundstücke an vier Adelige. Damit nicht genug: Den betuchten Bauherren wurden für 40 Jahre die Steuern erlassen. 1750 begannen die Bauarbeiten nach Entwürfen des Hofbaumeisters Nicolai Eigtved. Noch ahnte niemand, dass 50 Jahre später die königliche Familie in die Rokokopalais einziehen würde. Als 1794 Schloss Christiansborg abbrannte und Christian VI. obdachlos wurde, kaufte die königliche Familie die vier Palais. Seitdem ist Amalienborg die Residenz der dänischen Könige. Besichtigt werden darf das Erdgeschoss des Palais Levetzau, in dem einst Christian VIII. residierte. *Feb.–Okt. tgl. 10–17 Uhr, sonst Di–So 11–16 Uhr | Eintritt 125 DKK, unter 18 J. frei | kongernessamling.dk | Bus 23, 26, 6A Bredgade | 1 Std. | d2*

24 MARMORKIRKEN

Pleitebau würde man die Marmorkirche heute nennen. Eine gigantische Zentralkirche sollte sich über Frederiksstaden erheben und dem Petersdom in Rom gleichen. Während der Fundamentlegung kamen König Frederik V. aber Zweifel: Ihm erschien der Bau nicht imposant genug. Deshalb wünschte der Monarch Marmor statt Sandstein. Dies jedoch sprengte die Staatskasse. So wurden 1770 die Bauarbeiten von Johann Friedrich Struensee eingestellt. Der neue König hieß Christian VII., und der Hofbaumeister Nicolai Eigtved war inzwischen gestorben. Was blieb, war eine Baustelle mit Säulenteilen und Marmorblöcken. Erst 1847 kaufte ein Kopenhagener den Bauplatz und versprach, die Kirche fertig zu bauen, jedoch bescheidener und kleiner. Immerhin wurde die Kuppel dann doch 46 m hoch, Architekt Ferdinand Meldahl musste aber auf Marmor verzichten und die Kirche mit Sandstein vollenden. *Mo–Do, Sa 10–17, Fr 12–17, So 12.30–17 Uhr; Aufgang zur Kuppel Sa, So 13 Uhr | Eintritt 35 DKK, Turm 35 DKK | Frederiksgade 4 | marmorkirken.dk | Metro Marmorkirken, Bus 5C, 6A, 23, 184 Fredericiagade | 20 Min. | c1*

25 DESIGNMUSEUM DANMARK ★

Wer hat die schönste Inneneinrichtung im ganzen Land? Im Galerienviertel zeigt die große Museumsvilla, warum dänische Stühle und Lampen derart zeitlose Hingucker sind. Du kannst dich hier sattsehen an tollen Möbeln und Objekten. Ihre dichte Präsentation mag zwar manche an Ikea-Möbelhäuser erinnern, doch du wirst sehen: Demokratie, Eleganz und Massentauglichkeit ergänzen sich nirgends so schwungvoll wie bei den Dänen. Kaare Klint, Arne Jacobsen und Poul Henningsen sind nur einige der Stars, die dänisches Gebrauchsdesign berühmt machten. Die letzten hundert Jahre bürgerlichen Designs werden hier anschaulich aufbereitet, auch die Formentwicklung in Industrie und Werbung. *Di–So 10–18 Uhr, Do bis 20 Uhr | Eintritt 130 DKK, 18–26 J. 90 DKK, darunter frei | Bredgade 68 | designmuseum.dk | Metro Marmorkirken, Bus 1A Esplanaden | ⏲ 1 ½ Std. |* *d1*

26 KASTELLET (KASTELL)

Wir schreiben das Jahr 1772. Es ist der 17. Januar, 4 Uhr morgens. Während eines Maskenballs am Hof wird der Leibarzt des Königs, Johann Friedrich Struensee, verhaftet und im Kastell in Ketten gelegt; wenige Monate verurteilt ihn ein Gericht zum Tod. Hauptanklagepunkt: seine Affäre mit der Königsgattin Caroline Mathilde. Der Hinrichtung des prominentesten Häftlings des Kastells – Vierteilung und Enthauptung – vor den Toren der Stadt sollen 30 000 Kopenhagener beigewohnt haben. Der Roman „Der Besuch des Leibarztes" (2001) vom Schweden Per Olov Enquist macht die fatale Liebschaft des rührigen Arztes wieder lebendig.

Heute ist das Kastell die letzte erhaltene Festungsanlage Kopenhagens und wird vom Militär genutzt; in einzelnen Gebäuden sind inzwischen Wohnungen. *Wallanlagen tgl. bis 22 Uhr | Eintritt frei | Churchillparken | Metro*

Im ersten Stock von Amalienborg Slot brennt Licht: Wohnt dort die Königin?

Østerport, Bus 23 Oslo Plads | *30 Min.* | *M-N 3-4*

27 DEN LILLE HAVFRUE (KLEINE MEERJUNGFRAU)

Sie ist so klein und süß, dass sie mancher sicher gern mitnehmen würde. Erlitten hat sie aber schon viel – angefangen mit dem Streit zwischen dem Big Spender, Bierbrauer Carl Jacobsen, und dem Erschaffer der Skulptur, Edvard Eriksen. Man einigte sich schließlich, und die einem Märchen von Hans Christian Andersen entsprungene Bronzefigur bekam schlanke Beine statt Flossen, Schwimmhäute statt Füße. Über die Jahre wurde ihr der Kopf abgesägt, sie ins Wasser gestoßen, mit Farbe traktiert. Stararchitekt Bjarke Ingels entführte sie plus sauberes Hafenwasser zur Weltausstellung 2010 nach Shanghai. Und sie dient klaglos als Model: Viele wollen ein Selfie mit ihr. Dabei wirkt sie, gemessen an anderen Attraktionen der Stadt, eher belanglos. Du erfährst hier mehr über touristische Hypes als über die Liebe, denn darum geht es in der bittersüßen Geschichte des Märchenautors. Wenn du die Meerjungfrau am Innenhafen unbedingt sehen möchtest, besuch sie nachts, dann hast du sie für dich allein – vielleicht. *Langelinie* | *Bus 23, 26, 27 Indiakai* | *N3*

INSIDER-TIPP
Bei der Meerjungfrau nachts um halb eins

28 NYBODER

Das Wohnquartier mit den gelben Reihenhäusern entstand im 17. Jh., zu einer Zeit, als der Wohnraum in Kopenhagen knapp war. Deshalb ließ Christian IV. außerhalb der Stadtwälle über 600 Wohnungen für Seeleute der königlichen Marine bauen. Doch Mitte des 18. Jhs. war die Siedlung mit den eingeschossigen, einfach ausgestatteten Häuschen überbevölkert. Um noch mehr Wohnraum zu schaffen, wurden die Häuser aufgestockt. Von den ursprünglichen Häusern ist heute nur noch eine Reihe erhalten, in der das kleine Museum *Nyboders Mindestuer (So 11–14 Uhr | Eintritt 20 DKK | Sankt Paulsgade 24 | Bus 23 Borgergade)* untergebracht ist. Es zeigt die Wohnverhältnisse einer Familie um 1900. *c1*

29 STATENS MUSEUM FOR KUNST

Die ersten Bilder der größten Kunstsammlung Dänemarks stammen aus der königlichen Kunstkammer. Als 1884 Schloss Christiansborg brannte, wurde auch die Königliche Gemäldesammlung obdachlos. Der Architekt Vilhelm Dahlerup, der zur gleichen Zeit die Carlsberg-Glyptothek plante, gab der Sammlung 1896 ein neues Zuhause. 1998 bekam das Gebäude einen modernen Anbau. Die Kopenhagener stritten heftig darüber, ob Alt und Neu zusammenpassen würden, für die Kunst jedoch hat diese großzügige Lösung neue Räume geschaffen. In denen sind vor allem Werke dänischer Künstler zu sehen: etwa von den Skagenmalern Anna und Michael Ancher sowie der Bornholmer Schule mit Kristian Zahrtmann, Karl Isakson und Oluf Høst. Im Altbau hängen überwiegend Werke aus Frankreich, Italien und den Niederlanden, darunter Bil-

Rosenborg Slot, ein Schloss zum Verlieben – mit viel Platz zum Versteckspielen

INSIDER-TIPP
Kunst und Jazz

der von Brueghel, Rubens, Rembrandt, Tizian und Matisse. Im Museum tritt regelmäßig das Niels Lan Doky International Jazz Collective auf. *Di–So 10–18 Uhr, Mi bis 20 Uhr | Eintritt 120 DKK, unter 18 J. frei | Sølvgade 48–50 | smk.dk | S-Bahn Østerport, Metro Nørreport, Bus 6A, 14 Parkmuseerne | 1 ½ Std. | b1*

30 BOTANISK HAVE (BOTANISCHER GARTEN)

Am Anfang waren es ein paar Kräuterbeete im Garten der Universität, bestellt und gejätet von einem Professor und einem Gärtner. 1871 entschied der Reichstag, in den alten Wallanlagen einen imposanten botanischen Garten anzulegen. Nach Vorbildern aus Belgien und England entstanden moderne Gewächshäuser aus Gusseisen, Glas und Holz.

Beeindruckend ist das runde, 4000 m² große *Palmenhaus*. Unter Glas wächst und blüht Tropisches und Subtropisches, während draußen 20 000 Blumensorten verzaubern. Neben den diversen Glashäusern ist für Kinder insbesondere der Schmetterlingspalast im Sommer spannend. *Garten April–Sept. tgl. 8.30–18 Uhr, Okt.–März tgl. 8.30–16 Uhr, Palmenhaus und Schmetterlingspalast April–Sept. tgl. 10–17 Uhr, Okt.–März Di–So 10–15 Uhr | Garten Eintritt frei, Palmenhaus Eintritt 60 DKK, Kinder (3–17 J.) 40 DKK, darunter frei | Gothersgade 128/Øster Farimagsgade 2c | botanik.snm.ku.dk | Metro, S-Bahn Nørreport | a–b1*

31 ROSENBORG SLOT

Möchte Königin Margrethe II. sich rausputzen, muss sie hier in den Keller steigen. Denn seit 1680 verwahren die dänischen Könige im Schloss Rosenburg ihre Insignien: Krone und Zepter als Symbol für Autorität, den Apfel als Symbol für den Himmel und die Erdkugel sowie Reichsschwert und Salbgefäß. Diese Symbole lässt die Königin heutzutage meist in den Katakomben. Zu besonderen Anlässen, auch zum Neujahrsempfang, legt sie die Kronjuwelen an.

1607 erbaut, sollte Rosenborg als „das neue Lusthaus im Lustgarten" den Majestäten Freude bereiten. Christian IV., ein Freund der Renaissance, ließ das Schloss von niederländisch-flämischen Architekten errichten. Die märchenhafte Ausstrahlung bekommt Rosenborg nicht nur durch die verspielten Giebel und Türme, sondern auch durch den Farbton des Mauerwerks. Die Baumeister verarbeiteten roten Ziegel und verzierten die Fassade mit hellem Sandstein. Imposant ist die Innenausstattung der 24 königlichen Gemächer, denn im Lauf der Jahrhunderte sammelten die Könige hier ihre Kunstschätze.

Täglich um 11.30 Uhr heißt es für die Königstreuen auf dem Kasernenhof am Schloss Rosenborg: „Stillgestanden – im Gleichschritt marsch!" Mit ernster Miene zieht die Wachablösung der *Königlichen Leibgarde* dann durch die City, um pünktlich um 12 Uhr Schloss Amalienborg, den Palast der Königin, zu erreichen. *Nov.–15. April Di–So 10–15 Uhr, 16. April–Mai und Sept./Okt. tgl. 10–16 Uhr, Juni–Aug. tgl. 9–17 Uhr | Eintritt 125 DKK, unter 18 J. frei | Øster Voldgade 4a | kongernessamling.dk | Metro, Bus 6A, 23 Nørreport*

Für seine Familie und Gäste ließ Christian V. einen Garten zum Lustwandeln

Was für ein schönes Licht! Die letzten Sonnenstrahlen am Kongens Have genießen

anlegen. Später durfte im Schlosspark *Kongens Have* auch das Volk flanieren. Besonders an schönen Tagen ist Kongens Have der Garten der Kopenhagener. Hier wird geschmust und geschlummert, hier feiern Familien und amüsieren sich Kinder im Marionettentheater. Im Norden des Parks verfolgt Hans Christian Andersen ein wenig versonnen das Treiben. Ein Selfie mit dem Märchenautor muss schon sein. *1 Std.* | *b1*

NØRREBRO

Welch ein Kiez! Über 60 Nationalitäten machen das lebhafteste Stadtviertel aus. Kriminalität und gesellschaftliche Spannungen sind derzeit so entschärft, dass Nørrebro mit seiner Ungeschminktheit aktuell noch cooler rüberkommt als Vesterbro.

32 ASSISTENS KIRKEGÅRD

Meditatives Prunkstück Nørrebros ist der parkähnliche Friedhof Assistens Kirkegård, auf dem du zwischen den Gräbern von Stars wie dem Philosophen Søren Kierkegaard (Abschnitt A) und dem Autor Hans Christian Andersen (Abschnitt P) lustwandeln kannst. Physiker und Nobelpreisträger Niels Bohr ist hier ebenso beigesetzt wie der amerikanische Jazzmusiker Ben Webster und die Hip-Hop-Sängerin Natasja Saad *(Liste von fast 800 bekannten Persönlichkeiten unter short.travel/kop12)*. Auf den schnurgeraden Pfaden durch Pappelalleen zwischen

Zwischen Brei-, Brot- und anderen Künstlern in der beliebten Jægersborggade

Jagtvej und Nørrebrogade ist man mit der dänischen Art von Andacht unterwegs – also mit Café-to-go und Snacks die Sonne anbetend. *Okt.–März tgl. 7–19 Uhr, April–Sept. tgl. 7–22 Uhr, März–Okt. jeden 1. So im Monat 14 Uhr 90-Min.-Führung auf Englisch (80 DKK) | Nørrebrogade, Jagtvej | assistens.dk | Metro Nørrebros Runddel, Bus 5A Kapelvej | H3–4*

33 JÆGERSBORGGADE ★

Westlich vom Eingang zum Assistens Kirkegård sticht die etwa 400 m lange Jægersborggade heraus. Als deren Bewohnergenossenschaft den Ruf eines Rocker- und Drogendealermilieus satt hatte, besetzte sie die typischen Souterrainlokale mit einem ausgewählten Mix von inzwischen gut 50 kreativen Inhabern. Daraus wurde Kopenhagens spannendste Ladenstraße – die Qualität von Kaffeeröster, Sauerteigbäcker, Café-Restaurants und Juwelierinnen etc. ist hoch. Kult ist inzwischen das einst erste Restaurant Kopenhagens (wenn nicht weltweit), das sich auf Öko-Porridge *(grød)* respektive Breis aus aller Welt spezialisiert – inzwischen noch zweimal in der Stadt: Grød in Hausnummer 50 *(€). Bus 18 Jægersborggade | G–H3*

34 SUPERKILEN PARK

Note eins für Stadtentwicklung! Wie man aus einem städtischen Problembezirk ein künstlerisch-nachbarschaftliches Kultareal im Sinn der Kulturvielfalt von 62 Nationen gestaltet, erfährst du am Superkilen, einer Art Spielplatz der Nationen. Angeregt von den Anrainern, konnten sich viele internationale Gestalter von öffentlichem Raum austoben, darunter die dänische Künstlergruppe Superflex, die Architekten der Bjarke Ingels Group BIG und die deutschen Landschaftsarchitekten von Topotek 1. Auf etwa 750 m Länge wurde eine Freizeitarena angelegt. Farblich und thematisch in drei Zonen für Sport, Muße und Begegnungen eingeteilt – *Roter Platz* mit Radweg, *Grüner Park, Schwarzer Markt* –, erinnern 108 Objekte aus aller Welt an Nørrebros ethnische Vielfalt: ein Thaiboxring, Landi-Bänke aus der Schweiz, kasachische Bushaltestelle, marokkanische Fontäne, chinesische Palmen, armenische Picknicktische, Erde aus Palästina und Gullydeckel mit geschmiedeten Schriftzügen aus Weltstädten. Vielfach ausgezeichnet, etwa mit dem Red Dot Design Award. *Metro Nørrebro, Bus 5C Nørrebrohallen* | *G2*

35 STADTSEEN (SØERNE) & KÖNIGINBRÜCKE (DRONNING LOUISES BRO)

Schon ziemlich Zen! Ein großzügiger Halbmondbogen aus drei ineinander übergehenden und überbrückten Stauseen (Sortedams, Peblinge und Sankt Jørgens Sø) trennt faktisch die Innenstadt von den Brückenvierteln Øster-, Nørre- und Vesterbro. Ein Paradies für Spaziergänger und Jogger – Radfahrer bitte absteigen. Die Strecke zwischen der S-Bahnstation Vesterport und dem Tycho-Brahe-Planetarium im Süden und dem Knotenpunkt und der Metrostation Trianglen im Norden misst etwa 3 km. Die zentrale Brücke *Dronning Louises Bro* zwischen dem Pebblinge Sø und dem Sortedams Sø führt nordwestlich ins Herz von Nørrebro auf die Magistrale Nørrebrogade und gilt als die von den meisten Radfahrern benutzte Strecke der Stadt. Für die komplette Umrundung der Seenplatte unter Auslassung aller Cafés – besonders verführerisch sind die auf einem Ponton stehenden Tische des Cafés *Kaffesalonen (tgl. | €)* südlich der Königinbrücke – brauchst du zu Fuß bis zu zwei Stunden. Im Winter frieren die flachen Gewässer schnell zu und bieten ein famoses nordisches Fotomotiv. *J6–L3*

INSIDER-TIPP
Nordpol-Aura

36 BLÅGÅRDS PLADS

Hier trifft sich Nørrebro zum Entspannen und zu politischem Diskurs. Ehemals ein Hort für die Schmiedeindustrie, danach für die ärmste Bewohnerschaft Kopenhagens, wurde der Platz mit Lindenpflanzungen und einem Bolz- oder Eislaufplatz mit 22 Skulpturen in einer Umfassungsmauer zum öffentlichen Treff umgebaut. Herzkammer der Nachbarschaft ist das von einer Stiftung geführte Café *Blågårds Apotek* (s. S. 99). Die einstige Apotheke ist Kneipe, Café, Musikbühne und Ort für Ausstellungen. Blågårds Plads ist einer von Kopenhagens wichtigsten Treffpunkten mit asiatischen und arabischen Küchen nahebei. *Metro Forum, Bus 1A Prins Jørgens Gade* | *J4*

37 SANKT HANS TORV

Der mit Kopfsteinpflaster ausgelegte Platz 500 m nördlich vom Blågårds Plads wurde 1993 als Stadtteil-Optimierungsmaßnahme angelegt und lockt zum Genuss von Kaffee und Kuchen. Insbesondere das französische *Grandcafé Sebastopol (tgl.| €–€€)* hat Weltklasseformat und liegt famos eingepasst in eine konkav gebogene Fassade. Herausfordernd spröde wirkt die zentrale, brutalistisch anmutende Granitskulptur von Jørgen Haugen Sørensen, die aber einen zweiten Blick verdient. Der Platz ist ein stilvoller Nightlife-Spot. Von den abgehenden Straßen bietet besonders die Elmegade spannende Läden. *Bus 1A Sankt Hans Torv | ⊞ J4*

38 NØRREBROGADE

Die Arterie Nørrebros! Die Magistrale führt über gut 2 km von der Seebrücke Dronning Louises Bro bis zur S-Bahn- und Metrostation Nørrebro nach Nordwesten. Unterwegs streifst du Assistens Kirkegård und Superkilen Park. Hier gibt's die besten Kebabs und Mokkas der Stadt, und du erläufst dir ein Wechselbad der Szene mit zahlreichen Läden, Gemüseständen und Cafés aus aller Herren Länder. Am nordwestlichen Ende stößt du auf den S-Bahnring. *⊞ G2–J4*

Sich in ein Viertel verlieben? Auf den ersten Blick ins lebendige Nørrebro

39 MÆRSK TÅRNET

Der 75 m hohe Turm (2017), Erweiterungsbau der Medizinischen Fakultät der Universität, gilt als architektonisch gelungenes Beispiel für nachhaltige Nutzung. Die Kupferlamellen reflektieren den brutalistischen Stil des bereits bestehenden Gebäudes. Der Hingucker nahe dem Sankt Hans Torv bietet aus dem 15. Stock einen tollen Überblick, etwa Richtung Seen und City. *Bei Redaktionsschluss nur im Rahmen öffentlicher Vorträge zugänglich s. Website | 125 DKK | Blegdamsvej 3B | sund.ku.dk/besoeg/maersktaarnet | Bus 1A Sankt Hans Torv | ⊞ J3*

VESTERBRO

Vor allem Künstler und Studenten zieht es ins sanierte Quartier zwischen Hauptbahnhof und Carlsberg-Brauerei.

Vesterbro ist zunehmend zur attraktiven Konkurrenz für das eigentliche Zentrum Kopenhagens geworden. Denn neben Kunst, Kultur, neuen Restaurants und Cafés erlebt man hier auch den Alltag der Bewohner. Früher war das Viertel hinter dem Hauptbahnhof mit Schlachthof, Gerbereien, Drogenhandel, Prostitution und Wohnkasernen mit finsteren Hinterhöfen die Schmuddelecke Kopenhagens – doch das ist längst Geschichte. Vesterbro ist in.

40 TYCHO BRAHE PLANETARIUM

Sieht aus wie eine riesige, schräg abgesägte Dose: Der Bau ist Europas größtes Planetarium. Sein Namensgeber, der dänische Astronom Tycho Brahe (1546–1601), entdeckte 1572 eine Supernova im Sternbild Kassiopeia. Im Planetarium wird auf einer 1000 m² großen Leinwand ein virtuelles Universum projiziert. *Mo 12–18, Di, Mi 9.30–20, Do, Sa 9.30–20.30, Fr 9.30–21.30, So 9.30–19 Uhr; Woche 26–31 tgl. 9.30–20.30 Uhr | Eintritt 185 DKK, Kinder 115 DKK | Gammel Kongevej 10 | planetariet.dk | S-Bahn Vesterport, Bus 11, 33, 68 Gammel Kongeve |* *J6*

41 ISTEDGADE

Die gut 1 km lange Straße verläuft zwischen dem Hauptbahnhof-Hintereingang und der Grünanlage *Enghaveparken*. Spätestens seit die Bewohner während des Zweiten Weltkriegs den deutschen Besatzern den Slogan „Istedgade ergibt sich nie" entgegenschleuderten, gilt die wegen des dichten Trubels Rabauken- oder der Rotlichtaktivitäten wegen Nuttenstraße genannte Straße als berühmteste Dänemarks. Arbeiteraufstände tobten insbesondere hier. Die Bahnhofshalle ist also ein guter Start für den Bummel, der zunächst durch den einst schlüpfrigen Teil des Straßenlebens führt, um ab der Ecke Gasværksvej eher multikulturell und kulinarisch lebhaft zu wirken. An der Ecke Oehlenschlægersgade, benannt nach dem wichtigsten Nationaldichter dänischer Romantik, verdichtet sich die bunte Nachbarschaft in einer der typischen Bierkneipen, dem

Mc. Kluud (s. S. 100). Am Enghaveplads liegt eine Metrostation, weiter in Gehrichtung beginnt das umgestaltete Viertel *Carlsberg Byen*. *K7–H8*

42 KØDBYEN ★

Hier fließt Wein statt Blut. Wo früher das Vieh geschlachtet wurde, kommt es heute auf die Gabel. In das alte Schlachtviertel sind Restaurants jeder Preisklasse eingezogen, wobei die weißen Kacheln noch das Interieur bestimmen. Im *Hvide* (weißen) Kødbyen spielt Kulinarik vom Würstchen bis zum Steak und Biosalat die Hauptrolle, dazu kommen Galerien, Delikatessenläden, E-Lastenräder und Nachtclubs. Am Wochenende tummeln sich im Gebiet an den Eisenbahngleisen Feierwütige. Nebenan, im *Brune* (braunen) Kødbyen, den Stallungen, entfalten sich Kunst, Theater und Jazz. In den *Øksnehallen* gibt's Konzerte und Ausstellungen. *S-Bahn, Bus 11 Dybbølsbro* | *J7–8*

43 CARLSBERG-BRAUEREI

Die Hausmarke *Carlsberg* ist das meistgetrunkene Bier in Dänemark. Gegründet 1847 von Jacob Christian Jacobsen, später übernommen und ausgebaut vom Sohn Carl, gehört Carlsberg heute zu den größten Brauereien der Welt (Platz 4). Die kleine Schwester *Tuborg* wird ebenfalls von Carlsberg gebraut. Das gesamte Arreal, das sich bis in das Viertel Valby erstreckt, wird derzeit massiv umgebaut und -genutzt. Das Besuchszentrum mit Bierverkostung wird 2023 neu eröffnet – Zeiten und Preise standen bei Redaktionsschluss noch nicht fest. *Ny Carlsbergvej, Valby* | *visitcarlsberg.com* | *F–G8*

44 VÆRNEDAMSVEJ

Die nur etwa 200 m lange Straße und die davon abzweigende *Tullinsgade* verbinden die Magistralen Vesterbrogade und den Gammel Kongevej, mithin die Vibes von Vesterbro und

Für einen Platz am kurzen Værnedamsvej nimmt der Gast im Hanzō selbst Kälte in Kauf

Frederiksberg. Das Etikett des französischen Savoir-vivre bekommen die wegen Anwohnerwunsch nicht für den Autoverkehr gesperrten Sträßchen durch die enorm dichte Reihung von Cafés, traditionellem französischem Restaurant, Käseladen, einem der besten Designläden der Stadt *(Dora)* und mehreren dänischen Top-Modelabels wie etwa *WoodWood* und *Mads Nørrgård*.

INSIDER-TIPP
Im Hinterzimmer mit Stäbchen

Das *Hanzō (€–€€)* in Nr. 14 ist ein panasiatischer Tipp. Für atmosphärischen Vorgeschmack schlängelst du dich durch die Küche zu Tisch.
H 6–7

AUSSERDEM SEHENSWERT

Neben Vesterbro und Nørrebro gehört auch das ruhigere Østerbro zu den Brückenvierteln (Brokvarter) jenseits der City. Das grüne und geschliffene Frederiksberg (100 000 Ew.) ist als noch zentrumsnahes Viertel seltsamerweise autark.

Baulich futuristisch locken Ørestad auf der Heide- und Strandinsel Amager sowie das derzeit noch in der Entwicklung befindliche Hafengebiet Nordhavn. Refshaleøen verbleibt als unentwickelte Werftbrache, mit dem wilden

Charme kultureller und kulinarischer Pop-ups. Sluseholmen am südlichen Hafenkanal gibt sich wie ein holländisches Grachtenviertel.

45 SLUSEHOLMEN

Wohnen am Wasser. Das ehemalige Industriegelände am Südende von Kopenhagens Hafenkanal wurde erst in diesem Jahrtausend als Wohngebiet mit an holländische Grachten erinnernden Kanälen zwischen markanten Fassaden errichtet. Vor manchen Terrassen Sluseholmens liegen Kajaks oder kleine Boote. Die einzelnen Apartmentblocks haben weitläufige grüne Innenhöfe als nachbarschaftliche Treffpunkte. Das Schlendern durch Sluseholmen gibt tolle Einblicke in das ins neue Millennium transportierte Lebensgefühl Kopenhagens. Markant ist das von einem britischen Büro geplante Wohnhaus Metropolis auf der Nachbarinsel Teglholmen, das an den Kontrollturm auf der Brücke Langebro in der City erinnern soll und ein geschütztes Hafenbad zum Schwimmen bietet. Der Weg von Sluseholmen entlang des rechten Hafenkanalufers bis zur Uferpromenade *Islands Brygge* zwischen der Radlerbrücke Bryggebroen – sie verbindet zum Einkaufszentrum Fisketorvet und dem dortigen Hafenbad – und dem *Hafenbad Islands Brygge* bei der Brücke Langebro ist 3–4 km lang. Alternativ nutzt du den Hafenbus. *sluseholmen.dk* | *f4*

46 FREDERIKSBERG

Total chic! Die begehrteste Wohngegend der City ist selbstverwaltet. Und hat auf der einzigen Anhöhe der Stadt (30 m) die edelste grüne Lunge. Die Parks Frederiksberg Have und Sondermarken sind nur durch eine Straße getrennt. Ursprünglich mal barock angelegt, bieten sie nun Landschaftsgarten-Ambiente mit Gewässer, Brunnen und Pavillons. Hier triffst du Kopenhagener beim Spazierengehen, Joggen, Eisessen und Heiraten.

Unter Søndermarken liegt ein feines Versteck; Ex-Wasserspeicher dienen heute als Untergrund-Museum *Cisternerne (Mitte März–Nov. Di–So 11–18, Do bis 20 Uhr | Eintritt 115 DKK, unter 18 J. frei | Søndermarken | cisterne.dk | Bus 7A Zoologisk Have | 40 Min.)* mit auf den Ort zugeschnittenen Jahresausstellungen.

INSIDER-TIPP
Guck mal, ein Elefant!

Von beiden Parks bekommst du spannende Einblicke in den brillant gestalteten Zoo direkt nebenan. Wegen seinem *Arctic Ring,* einem Unterwassertunnel, von dem aus du Eisbären beobachten kannst, wie sich sich im Wasser tummeln, und dem Elefantenhaus mit der Glaskuppel (Architekt: Norman Foster) ist der *Zoo (April–Juni tgl. 9–17/18 Uhr, Juli–Aug. 9–18/20 Uhr, Sept. 9–18 Uhr, Okt. 9–17 Uhr Nov.–März tgl. 10–16 Uhr | Eintritt 209 DKK, Kinder 3–11 J. 119 DKK | Roskildevej 32 | zoo.dk | Bus 7A Zoologisk Have | 2–3 Std.)* natürlich auch einen eigenen Abstecher wert. Die Tasmanischen Teufel sind übrigens ein Geschenk der Familie der tasmanischen Kronprinzessin Mary.

Vom Nordostende des Frederiksberg Have bilden die anderthalb Kilometer des Gammel Kongevei bis zum Tycho

Brahe Planetarium eine illustre Shoppingmeile mit spannenden Boutiquen. *E–G 6–8*

47 ØSTERBRO

Østerbro ist das feinere Brückenviertel im Nordwesten zwischen Østerbrogade und Strandboulevarden. Hier sind die Läden edel und die Restaurants teuer. Die meisten Wohnungen und Villen wurden Anfang des 20. Jhs. gebaut und sind in einem wesentlich besseren Zustand als die Wohnkasernen der anderen Brückenviertel. Hinzu kommt: Østerbro ist mit dem 1908 angelegten *Fælledparken (tgl. rund um die Uhr geöffnet)* ein grünes Quartier. Da sich hier das einfache Volk vergnügte, verzichteten die Gartenbauer auf eine romantische Parkgestaltung. Ein Erlebnis ist der Garten der Sinne. Hier können Kinder wie Erwachsene durch Fühlen, Hören und Riechen ihre Sinne für die Natur schärfen. *Østerallé | Metro Trianglen, Vibenshus Runddel | K–M 1–3*

48 NORDHAVN

Dänemarks New York? Wer mit dem Kreuzfahrt- oder Fährschiff ankommt, kann das gewaltigste Umstrukturierungsprojekt Kopenhagens wie die Einfahrt in Skandinaviens Neue Welt empfinden – hypermodern, urban verdichtet. Bis etwa 2030 werden hier 40 000 Menschen leben und arbeiten. Das in Ørestad bei der Planung vernachlässigte menschliche Moment soll wirken, wo Kopenhagen am meisten nach Metropole aussehen möchte. Im *Århusgadekvarteret (aarhusgade kvarteret.dk)*, östlich an Østerbro angrenzend, kannst du schon in die mit unterschiedlichsten Materialien und

Heiß begehrt: Sonnenplatz auf dem Gammel Kongevej in Frederiksberg

Stilen gebaute Hafencity eintauchen. Weil's zwischen den Gebäuden eng ist, wurde die Fläche zum Austoben einfach aufs Parkhaus gelegt *(tgl. 7–22 Uhr | Eintritt kostenlos)*. Per Aufzug oder langer Außentreppe kommst du zum rot gestalteten *Konditaget Lüders*. Das ist viel mehr als nur ein Dachgarten, sondern eine Fitnessplaza mit grandiosem Meerblick. *nordhavn.dk | S-Bahn, Metro Nordhavn |* *M–N1*

INSIDER-TIPP
Möwen-perspektive

49 REFSHALEØEN

Letzte Ausfahrt Kopenhagen. Am Nordostende des Hafenkanals mutiert das ehemalige Hafengelände mit seiner Industriearchitektur zum zukunftsträchtigen Viertel. Das Restaurant Noma liegt in der ruhigen Nachbarschaft, das spektakuläre Müllkraftwerk mit der Skipiste *Copenhill* von Bjarke Ingels steht auch gleich ums Eck. Aufs Gelände selbst ist der Street-Food-Markt *Reffen (reffen.dk)* von der Ex-Papierinsel gezogen, zusammen mit *Contemporary Copenhagen (CC) (copenhagencontemporary.org)*, die auf 7000 m² wechselnde Ausstellungen zeitgenössischer Kunst zeigen. Inzwischen wird überlegt, wie man auch dieses Gebiet clever vermarktet – zuvor muss aber noch der kontaminierte Boden entsorgt werden. So lange dürfen Kreative wirken. *Bus 2A, Hafenbus Refshaleøen |* *O3*

50 AMAGER

Kurz mal raus aus der City zum Bad an den Øresund. Seit 2005 ist ein fast 5 km langer Strand auf der Insel Amager gegen die Gezeiten befestigt. Die Metrolinie 2 bietet gleich drei Haltestellen für den *Amager Strandpark*. Mit dem Fahrrad bist du in zehn Minuten an den Badekabinen der *Helgoland Badeanstalt* – Sauna inklusive –, in einer Viertelstunde am wunderschön im Sund liegenden *Kastrup Søbad*.

Die Metrolinien nach Amager trennen sich an der Haltestelle Christianshavn; die andere Linie durchfährt als Hochbahn Ørestad bis zur Endstelle Vestamager. Von dort aus kannst du die wilde Grünfläche *Kalvebod Fælled* erwandern oder die gesamte Insel Amager auf einer 40-km-Rundtour umradeln. Der Fußweg nach Sluseholmen im Südhafen der Stadt dauert gut eine Stunde. *amagerstrand.dk |* *g4*

51 DEN BLÅ PLANET ★

Im größten Aquarium Nordeuropas tummeln sich 20 000 Tiere. Attraktion ist der Ozeantunnel, in dem die kleinen und großen Besucher den Haien in die Augen gucken können. Inspiriert von der Form eines Wirbelsturms, kreierten die Architekten ein phantastisches Gebäude. Der Besuch beginnt im Auge des Sturms. *Mo 10–21, Di–So 10–17 Uhr | Eintritt 210 DKK, Kinder 3–11 J. 110 DKK | Jacob Fortlingsvej 1 | Kastrup | denblaaplanet.dk | Metro Kastrup, Bus 5C Jacob Fortlingsvej |* *1–2 Std. |* *g4*

52 DRAGØR

Die ursprünglich von Holländern besiedelte Südostecke der Insel Amager bietet mit dem Hafenstädtchen Dragør ein wunderbares Ziel am Øresund. Die kleinen Galerien und Cafés in der La-

Die führerlose Metro ins futuristische Ørestad schrammt scharf am Konzertkubus vorbei

denstraße erfreuen die Flanierseele und du wirst mit dem Blick auf die Øresundbrücke belohnt. Mit Fahrrad oder Bus brauchst du etwa 50 Minuten aus der City. Von Dragør zum weiter westlich liegenden Kongelandsfort am Südrand des Amager Fælled sind es knapp 30 Minuten mit dem Fahrrad. *visit-dragoer.dk* | *Bus 33, 35* | *g4*

53 ØRESTAD ★

Eben noch von der historischen Altstadt verzaubert, zehn Minuten später in einer Welt futuristischer Stadtplanung: Für die einen mag die zehnminütige Fahrt mit der Metro (M1) auf die Halbinsel Amager ein Kulturschock sein, andere fasziniert die Architektur entlang der führerlosen Hochbahn *(alle 3–5 Min.)*, die als Lebensader zuallererst entstand. Jede Station reizt zum Aussteigen und Schauen. Speziell der Stopp DR Byen, wo du vom Hochbahnhof auf den vom Architekten Jean Nouvel blau verpackten Kubus des Konzerthauses vom Dänischen Radio (DR) schaust. Ein Foto mit dem nächsten ankommenden Zug vor dieser farbstarken Kulisse ist allein das Warten wert.

INSIDER-TIPP
Bitte zurückbleiben!

Ørestad ist doppelt so groß wie die Hamburger Hafencity. Bald sollen hier 20 000 Menschen wohnen und rund 80 000 arbeiten und studieren. Durchaus gelungen ist das Ambiente um das tolle Studentenwohnheim *Tietgenkollegiet* (Haltestelle DR Byen); ansonsten muss man den Ørestad-Planern zurufen, dass sie das typisch menschliche Kopenhagener Maß hier

aus den Augen verloren. Was aber nicht ausschließt, dass die Bewohner sich das noch zurechtrücken.
Bella Center heißt der Stopp am Messezentrum Bella (wo 2009 der UN-Klimagipfel stattfand). Von dort sind es nur ein paar Schritte zum phantastischen *Bella Sky Hotel*. Ørestad Station liegt an Skandinaviens größtem Einkaufszentrum *Field's*, das so banal geriet, weil die öffentliche Hand aus Geldmangel nach dem Finanzcrash die Planung dem Investor überließ.
Deutlich inspirierter wirken nahebei die Wohnhäuser *Bjerget/VM-Husene* und an der Endstation Vestamager das *8-tallet* – beide vom Enfant terrible Bjarke Ingels (mit-)konzipiert, was ihm zweimal den World Architecture Award for Housing eintrug. *8-tallet* ist über eine endlose Rampe begehbar (bitte nicht fotografieren, hier wohnen Menschen!) und liegt wie eine verdrehte Pyramide direkt am Rand des grünen Amager Fjellet. Eine futuristische Schule gibt's auch (Haltestelle Bella Center): Am *Ørestad Gymnasium (Ørestadsboulevard 75)* lernen mehr als 1000 Schüler im mittlerweile berühmten Schulgebäude, das völlig ohne Klassenräume auskommt. *g4*

AUSFLÜGE

54 ARKEN MUSEUM FOR MODERNE KUNST

18 km/25 Min. von Bahnhof København H

Wie ein gigantischer Schiffsrumpf liegt der Betonbau in den Dünen von Ishøj, südlich von Kopenhagen. Der Architekt Søren Robert Lund hat 1996

Karen Blixen Museet: Wohn- und Arbeitsstätte der berühmten Schriftstellerin

wahrhaftig eine Arche der Kunst stranden lassen. Im Inneren des Museums orientieren sich die Besucher an einer 150 m langen Kunstachse, die sie in verschiedene Ausstellungsräume und Galerien führt. Die Sammlung umfasst vorwiegend moderne und zeitgenössische Kunst dänischer und nordischer Bildhauer, Maler, Fotografen und Videokünstler. Einladend ist das Museumscafé mit Blick auf Dünen und das Meer. *Di–So 10–17, Do bis 21 Uhr | Eintritt 140 DKK, unter 18 J. frei | Skovvej 100 | Ishøj | arken.dk | S-Bahn Linie A oder E Ishøj, von dort aus weiter mit dem Bus 128 Skovvej/Arken | 1 ½ Std. | f4*

55 KAREN BLIXEN MUSEET

28 km/30 Min. von Bahnhof København H (plus Fußweg 1,5 km/20 Min.)

Spätestens seit dem Kinoerfolg „Jenseits von Afrika" – der Film erzählt von Blixens Jahren als Kaffeefarmerin in Afrika – lockt das Museum in ihrem ehemaligen Wohnhaus zahlreiche Fans. Im Vergleich zur weiten Landschaft von Kenia empfand die Schriftstellerin das dänische Landgut nach der Rückkunft aus Afrika als sehr einengend. Fans entdecken hier die Corona, die Schreibmaschine, auf der Karen „Tania" Blixen (1885–1962) Bücher wie „Babettes Fest" oder „Afrika, dunkel lockende Welt" schrieb. Auch das Grammofon ist erhalten, das sie von ihrem Liebsten Denys Finch Hatton (im Film von Robert Redford gespielt) geschenkt bekam. Zudem geben Fotos und Briefe und das Arbeitszimmer Einblick in das Leben der dänischen Schriftstellerin. *Mai–Juni, Sept. Di–So 10–17 Uhr, Juli/Aug. Di–Fr 11–20 Uhr, Sa, So 11–17 Uhr | Eintritt 100 DKK | Rungsted Strandvej 111 | blixen.dk | S-Bahn Rungsted Kyst | 1 Std. | f2*

56 LOUISIANA MUSEUM FOR MODERNE KUNST ★

40 km/40 Min. von Bahnhof København H (plus Fußweg 1 km)

Welch eine beglückende Erfahrung, selbst für Kunstmuffel. Louisiana ist ein geniales Zusammenspiel von Kunst und Natur. Es ist auch die Kulisse des Øresund mit Blick auf die schwedische Küste, die das Louisiana Museum für moderne Kunst so einzigartig macht. Wie zufällig stehen hier Skulpturen von Henry Moore und Richard Serra in einer wunderbaren Parklandschaft. Raffiniert haben die Architekten in den Ausstellungsräumen das Zusammenspiel von Licht und Aussicht genutzt, um die Grenzen zwischen Drinnen und Draußen aufzuheben. In dieser luftigen Atmosphäre wird der Ausflug ins Museum zu einem Spaziergang durch die moderne Kunst. In der ständigen Sammlung sind Künstler wie Victor Vasarely, Alberto Giacometti, Andy Warhol, Anselm Kiefer, Pablo Picasso, Roy Lichtenstein, Jim Dine, Joseph Beuys und Claes Oldenburg vertreten. Außerdem werden etliche spannende Ausstellungen pro Jahr gezeigt. Kinder lieben die Lage am Meer, den Park mit Skulpturen und die Giacometti-Figuren. Und sie haben freien Zutritt (bis 18 J.). *Di–Fr 11–22 Uhr, Sa, So 11–18 Uhr | Eintritt 145 DKK | Gamle Strandvej 13 | Humlebæk | louisiana.dk | Regional-*

Sieht aus, als wär er noch nicht ganz fertig gerollt, der Turning Torso in Malmö

zug Øresundståg nach Helsingør bis Humlebæk, dann 1 km Fußweg. Tipp: Louisiana Ticket, Rückfahrkarte inkl. Eintritt (235 DKK) und zwei Kinder bis 15 J. gibt es an jedem DSB-Schalter | 3 Std. | f2

57 HELSINGØR

50 km/50 Min. von Bahnhof København H

„Sein oder Nichtsein; das ist hier die Frage …" den Hamlet-Vers kennt jeder. Der Prinz grübelte auf Schloss Helsingør, das heutige *Schloss Kronborg (Nov.–April Di–So 11–16 Uhr, Mai–Okt. tgl. 10–17 Uhr | Eintritt 130 DKK, unter 18 J. frei | kongeligeslotte.dk).* 400 Jahre nach Shakespeare erhielt das Schloss an der Øresund-Enge in Helsingør (47 000 Ew.) UNESCO-Welterbe-Status. Dazu musste aber all das Zeug zur dänischen Seefahrtsgeschichte raus, zu sehen sind dort jetzt historische Wohnszenarios. Zu Füßen der schönen Burg finden die ausgelagerten nautischen Beweglichkeiten seit 2013 ihre neue Heimat im *Museet for Søfart (Jan.–Juni und Sept.–Dez. Di–So 11–17 Uhr, Juli/Aug. tgl. 11–18 Uhr | Eintritt 125 DKK, unter 18 J. frei | Ny Kronbirgvej 1 | mfs.dk | 1 ½ Std.).* Die bauliche Herausforderung, ein unterirdisches Museum in einem ehemaligen Trockendock zu entwerfen, rief Superstar Bjarke Ingels mit seinem Büro BIG auf den Plan. Nur eine niedrige Schutzwand durfte sich über Bodenniveau erheben. Nicht mal ein Aufzug kann deshalb hinunterführen in das offene Verlies aus unbearbeitetem Beton. Auf viel Raum entfaltet sich im Seefahrtsmuseum eine medial-modern kuratierte Ausstellung, die neben Navigation, Knotentechnik und Motoren-Evolution auch Romantik, Hafenerotik und Kapitänsaura bietet und insbesondere das Seemannslos herausstellt. Über 100 000 Besucher kommen im Jahr, da hat das Museumscafé mit freier Sicht von ganz unten viel zu tun.

Ein schönes Restaurant *(tgl. 10–17 Uhr | €€)* befindet sich nebenan in der großen postmodernen *Kulturværftet (kuto.dk)*. Die ehemalige Werft ist das neue kulturelle Zentrum des aufgepeppten Hafengebiets und beherbergt auch eine tolle Bibliothek und ein Werftmuseum. Vor der Kulturwerft hockt am Wasser der Meerjungmann „Han" aus Edelstahl, männliches Gegenstück zu Kopenhagens Kleiner Meerjungfrau.

INSIDER-TIPP
Koketter Kerl

Der Clou: Einmal in der Stunde blinzelt Han mit dem Auge. Helsingborg in Schweden ist übrigens nur eine kurze Fährfahrt *(4 km | 20 Min. | 50 DKK)* entfernt. *Øresundståg Helsingør | g1*

58 MALMÖ

45 km/38 Min. von Bahnhof København H

Ist Malmö die coolere Øresund-Stadt? Die Brücke macht's möglich, das in kurzer Zeit zu erfahren. Eine knappe Dreiviertelstunde dauert die Zugfahrt von Hauptbahnhof zu Hauptbahnhof, und du kannst einer anderen Sprache zuhören und mit anderem Geld bezahlen (SEK statt DKK, am besten aber mit EC-Karte). Spannend ist der Vergleich der Ex-Hafenbrache *Västra Hamnen* mit Ørestad. Mit einem Leihrad von *Citybike (120 SEK/Tag | donkey.bike/de/stadte/fahrradverleih-malmo)* bist du in zehn Minuten am prägnantesten Hochhaus der Øresundregion, dem schlank verdrehten *Turning Torso*.

Die nach der Jahrtausendwende errichtete Hafensiedlung ist ein Ausbund an nachhaltiger, bunter Modernität, in der Wohnen und Gewerbe klug gemischt sind. Du schlenderst durch ein für 10 000 Bewohner angelegtes Terrain, das gemütlicher wirkt als die doppelt so groß geplante Ørestadt drüben. Am Ostseeufer kannst du dich auf einer endlos lang erscheinenden Holzbank niederlassen oder dem regen Treiben etwa am Strand des *Scaniabad* zusehen. Weiter links entlang der Küste erwartet dich das altehrwürdige öffentliche *Ribersborg Kallbadhus (Mai–Aug. Mo–Fr 9–21, Sa/So 9–18 Uhr, Sept.–April Mo–Fr 10–19, Sa/So 9–18 Uhr | Eintritt 75 SEK | Limhamnsvägen Brygga 1 | ribersborgskallbadhus.se)* mit Saunen und Schwimminseln im Meer.

INSIDER-TIPP
Cooler geht's nicht

Was für Winterbader: Mach's wie die Schweden, und hüpfe splitterfasernackt zur Abkühlung ins eiskalte Wasser. Hinterher trinkst du im Café Glühwein oder eine Tasse heißen Kakao auf dem City-Platz *Lilla Torg*. Im *Form/Design Center (Di–Sa 11–17, So 12–16 Uhr | Eintritt frei | Lilla Torg 9 | formdesigncenter.com)* kannst du dann witzige Designigkeiten shoppen und Ausstellungen von Kunststudenten gucken. Etliche Dänen finden Malmö cooler plus preiswerter als Kopenhagen und wohnen dort als Pendler. *h4*

ESSEN & TRINKEN

Die Nordic Cuisine ist (noch) en vogue: In den vergangenen Jahren stieg die dänische Hauptstadt zur Gourmetmetropole für Feinschmecker auf. Das *Noma* wurde mehrmals zum besten Restaurant der Welt ernannt, weit über ein Dutzend Michelinsterne sind jedes Jahr der Lohn für Qualität.

Die Revolution auf dem Teller gelang aber nicht nur wegen möglichst regionaler Zutaten. 2004 formulierten der dänische Food-Aktivist Claus Meyer, *Noma*-Chef René Redzepi und andere das entschlackende Manifest „Neue Nordische Küche". Typisch dafür:

Kräftige Smørrebrød-Variante mit Roggenbrot, Hering, Zwiebeln und Roter Beete

Prozesse wie Fermentierung und Verzicht auf importierten Luxus, dafür Speiseöl nur aus heimischer Produktion oder Essig aus unreifen Erdbeeren. Das Restaurant wurde zum Versuchslabor mit eigenem Garten, in dem heimische Gemüse und Kräuter gezogen werden. Das kostet – viel Zeit, viel Arbeitskraft! Ob es so weitergeht mit der Nordic Cuisine, bleibt abzuwarten. Denn *Noma*-Chef Redzepi kündigte die Schließung seines Kopenhagener Restaurants für Ende 2024 an – es sei sozial nicht mehr nachhaltig. Das Lebensmittellabor aber will Redzepi weiterführen.

WO KOPENHAGEN ISST

MARCO POLO HIGHLIGHTS

★ **CAFÉ EUROPA**
Märchenhafte Lage und Kaffeehausatmosphäre ➤ S. 71

★ **NOMA**
Bestes Restaurant der Welt ohne Schnick und Schick, aber auf der Zielgeraden ➤ S. 72

★ **LA BANCHINA**
Kleines Café am Wasser, mit Sauna und Hafenpool ➤ S. 72

★ **KØDBYENS FISKEBAR**
Riesentheke, Riesenstimmung, Fisch ohne Ende ➤ S. 77

★ **SEBASTOPOL**
Französische Küche trifft Nørrebros Szene ➤ S. 71

Gehoben hat der Gourmettrend die Qualität in den preiswerteren zahlreichen Café-Restaurants. Klassiker wie Hackbällchen in brauner Soße oder die berühmten roten Würste vom *pølsevogn*, der fahrbaren Würstchenbude, für 5–7 Euro leben aber auch weiter.
Achtung: *Middag* heißt Abendessen, während *frokost* eine Zwischenmahlzeit zur Mittagszeit bedeutet, z. B. *smørrebrød* oder Salat. Die klassischen *frokost*- und *smørrebrød*-Restaurants haben nur mittags geöffnet. Abends bitten die Kopenhagener Köche recht früh (19 Uhr) zu Tisch. Nach 22 Uhr bleiben die meisten Küchen kalt. Gezahlt wird meist mit EC-Karte.

CAFÉS

Café-Restaurants gibt's so zahlreich wie am Mittelmeer. Meist mit Tischen vor der Tür. Wenn es zu kalt ist, liegen Decken bereit, im Winter wärmen auch Heizpilze. Beim Genuss von Filterkaffee kostet die zweite Tasse oft nur noch 1 bis 2 Euro. Trotzdem ist jeder Kaffee hochwertig, oft auch in Bioqualität und fair gehandelt.

INSIDER-TIPP
Nimm zwei

1 BLUE BIKE CAFÉ

Ein Industriedesigner betreibt das Café und philosophiert gern mit Kunden. Fahrrad und Kunst als Deko, hausgemachter Kuchen und im Winter *Æbleskiver*-Krapfen für den saisonalen Appetit. Von den Tischlein auf dem Trottoir Blick auf die Mauer um den Park Kongens Have mit Rosenborg Slot. *Tgl. | Sølvgade 36 | Bus 23 Kronprinsessegade | Indre By | b1*

INSIDER-TIPP
Süße Adventszeit

2 CAFÉ NÖA'H

Am südlichen Ende von Islands Brygge liegt das drinnen mit einer Pflanzenwand geschmückte Café-Restaurant im neuen Hafenwohnviertel Havnevigen. Du hast von dort Aussicht auf einen künstlichen Strand am Kanal und kannst bestens beurteilen, ob sich hier das Leben zwischen den spannenden Häuserfronten zwanglos entfaltet. Schau dir alles an, und genieß dabei ein Avocadosmørrebrød! *Tgl. | Viggo Kampmanns Plads 5 | nöah.dk | Hafenbus Bryggebroen | Havnevigen | g4*

3 GRANOLA

Ein Blick hinein – die Behaglichkeit lädt ein. Hier bekommst du zu jeder Tageszeit Schmackhaftes: morgens ein üppiges Frühstück, tagsüber leckere Kuchen, abends kleine Gerichte von Austern bis Pommes. *Tgl. | Værnedamsvej 5 | Bus 7A Værnedamsvej | Frederiksberg | H7*

4 SOCIAL FOODIES

Wie's beim Eintritt schon duftet! Dem süßen Laden liegt direkte Hilfe für einige Projekte in Afrika am Herzen. Insbesondere Schokolade und Vanille kommt aus afrikanischem Anbau kleiner Betriebe und wird für Frederiksberg veredelt. Kauf dir ein leckeres Bioeis mit schokoüberzogenem Hörnchen auf die Hand, oder setz dich rein und probier ein paar *søde sager* (süße Sachen) mit ausgezeichnetem Kaffee. *Tgl.* | *Gammel Kongevej 115* | *Bus 9A Bülowsvej* | *Frederiksberg* | *H6*

5 CAFÉ KLIMT

Tagsüber gibt es hier kein Gericht über 120 Kronen, das ist das Erfolgsrezept. Hinzu kommen ausgelassene Stimmung und gut gelauntes Personal. Ist gerade kein Tisch frei, kannst du die Wartezeit bestens an der Bar überbrücken. *Tgl.* | *Frederiksborggade 29* | *Metro Nørreport* | *Indre By* | *a1*

6 CAFÉ PHENIX

Im Vorort Valby sticht das beliebte Café aus einer ganzen Reihe von Cafés im fast dörflich wirkenden Zentrum von Valby heraus. Guter Brunch auf der Terrasse und nur 10 Min. vom Park Søndermarken entfernt. *Tgl.* | *Valby Langgade 74* | *cafephenix.dk* | *Bus 26 Tingstedet* | *Valby* | *E8*

7 CAFÉ EUROPA ★

Gediegenes Kaffeehaus am Amagertorv mit zeitlos gutem Ambiente. Im Erdgeschoss drängen sich die Kaffeetrinker, treppauf geht's ruhiger zu. Am Fenster im 1.Stock hast du einen Logenblick auf die Hauptshoppingkreuzung der Strøget. *Tgl.* | *Amagertorv 1* | *Metro Kongens Nytorv* | *Indre By* | *b3*

INSIDER-TIPP
Sicher dir die Poleposition

8 OVEN VANDE

Ob in Korbstühlen draußen oder drin am weiß gedeckten Bistrotisch – hier trifft sich ganz Christianshavn bei einem Sandwich oder Fischgericht. Die Preise sind erfreulich. *Tgl.* | *Overgaden Oven Vandet 44* | *Metro Christianshavn* | *Indre By* | *d4*

Oven Vande: An Christianshavns wohl beliebtester Ecke ist selten ein Tisch frei

9 PROPS COFFEE SHOP

Typisch für Nørrebro: Alles mischt sich auf engstem Raum – Generationen, Religionen, Sprachen und Hautfarben. Gegessen und getrunken wird an Mobiliar vom Trödler. *Tgl.* | *Blågårdsgade 5* | *Bus 3A, 5A Elmegade* | *Nørrebro* | *J4*

10 SEBASTOPOL ★

Von allem etwas: englischer Pub, französisches Bistro, Bar und eine Abtei-

Probier die phantastische Vielfalt internationaler Breikost bei Grød

lung „fein" gedeckter Tische (reservieren!). Im Sommer Café mit Pariser Flair. *Tgl. | Sankt Hans Torv 32 | Bus 1A Sankt Hans Torv | Nørrebro | J4*

11 CAFÉ VICTOR

Hier erwarten dich bodentiefe Fenster und gestärkte Tischdecken: Mittags wird Geschäftliches, abends Zwischenmenschliches verhandelt. Interessante Bistroküche. *Tgl. | Ny Østergade 8 | Metro, Bus 1A, 26 Kongens Nytorv | Indre By | c2*

12 GRØD

Alles andere als fade: Breis aus aller Welt zwischen Asien und Grönland aufzutischen und seinen Laden dann noch Haferbrei zu nennen. Die Idee wurde zum großen Erfolg. Begonnen in der Jægersborggade in Nørrebro, inzwischen viermal in der Stadt. Preiswert, sättigend, lecker. Sogar der chinesische Reisbrei mit Huhn gefällt. Auch als Take-away. Und zum Nachkochen gibt's ein Kochbuch. *Tgl. | Jægersborggade 50 | Bus 18 Jægersborggade | Nørrebro | G3*

INSIDER-TIPP
Löffel dich durch Congees!

13 LA BANCHINA ★

Süßes Minicafé mit Badebassin im noch nicht gentrifizierten Hafenbrachgelände Refshaleøen nördlich von Christianshavn. Du bekommst Kuchen, biodynamisches Gemüse und Seafood. Ganzjährig kannst du die 8-Sitzer-Sauna online buchen – der Sprung ins kalte Hafenbecken – in Badeklamotten – ist gratis. *Tgl. 8–22 Uhr, im Winter kürzer | Sauna 8–20 Uhr (105 Min./400 DKK bis 8 Pers.) | Refshalevej 141 | Tel. 31 26 65 61 | labanchina.dk | Bus 2A Refshaleøen | Refshaleøen | O4*

INSIDER-TIPP
Nur Mut!

14 CAFÉ BAADEN

Bei Sonne fast schon Karibiktouch: Nur ein paar Schritte vom Café entfernt, bist du im Wasser der künstlich geschaffenen Lagune am Amager-Strandpark. Cappuccino, gute Musik, Sonnenbrille auf. Bei Sauwetter und Kälte geschlossen. Ideales Fahrradziel. *Havkajakvej 16 | Metro 2 Femøren | Amager Øst | g4*

RESTAURANTS €€€

15 NOMA ★

Letzte Gelegenheit, die Spitze der Nordic Cuisine zu kosten: Ende 2024

Unsere Empfehlung heute

Klassiker

PØLSER
Brühwürstchen als beliebter Hotdog-Imbiss, serviert mit Senf, Ketchup, Mayo, Gurken und Röstzwiebeln

SMØRREBRØD
üppig mit Fisch, Fleisch und Salat belegte Butterbrote; traditionelles dänisches Mittagessen

STJERNESKUD
Smørrebrød-Variante mit paniertem Schollenfilet, garniert mit Garnelen, Salat und Limfjord-Kaviar

RØDE GRØDE MED FLØDE
Dessert aus roter Grütze mit Beeren und flüssiger Sahne

Hauptgerichte

FYLDT RØDSPÆTTE
gebratene Scholle, gefüllt mit Krabben und Spargelspitzen

FLÆSKESTEG MED PERSILLESOVS
fetter Schweinebraten mit knuspriger Kruste, dazu Petersiliensoße und Kartoffeln

DANSK BØF
gebratene Frikadellen mit Zwiebeln und Roter Beete

Süße Backwaren

KANELSTANG
langer Blätterteigstrang, gefüllt mit Marzipan und Schokocreme, garniert mit Mandelsplittern

ÆBLESKIVER
Siedegebäck-Kugeln, warm mit Marmelade serviert

WIENERBRØD
viellagige Kuchenteilchen mit hohem Fettanteil, gefüllt mit Marzipan, Schoko etc.

Getränke

AQUAVIT
Branntwein, versetzt mit Kräutern und Gewürzen wie Kümmel, Dill, Fenchel etc.

GAMMELDANSK
„Alter Däne": Magenbitter, aromatisiert mit zahlreichen Gewürzen wie Anis, Muskatnuss und Ingwer

ØL
Bier vom Fass *(fadøl)* oder aus der Flasche *(flaske)*

schließt das fünfmal zum weltbesten Restaurant gekürte Noma seine Türen. Sozial nicht nachhaltig, begründet der Chef seinen Schritt. Buch mindestens drei Monate im Voraus, und erleichtere dich um gut 450 Euro für ein Menü, mit Getränken deutlich mehr. Chef René Redzepi hat mit seinen im Labor entstandenen Gerichten aus heimischen Zutaten die Haute Cuisine stark verändert. Nach seinem Umzug ins postindustrielle Szenegebiet Refshaleøen, wo es idyllisch am Wasser mit eigenem Gemüsegarten sitzt, wurde seine Kochkunst endlich auch mit drei Michelinsternen ausgezeichnet.
Die Gerichte sind streng nach Jahreszeiten geordnet. Im Winter gibt's alles aus dem Meer, etwa Seestern mit Kardamom, Kabeljaublase in Quittensaft gedünstet oder Fisch im Schokoladenmantel, im Herbst isst du zum Beispiel Rentierzunge oder Fasan, gebettet in einem Blütenmeer. *Di–Sa 17–24 Uhr | Refshalevej 96 | Tel. 32 96 32 97 | noma.dk | Bus 2A Lynetten | Christianshavn |* *O5*

16 L'ALSACE

Köstlichkeiten aus dem Elsass. Mitten in der Stadt sitzt du in einem gemütlichen Innenhof, im Sommer draußen bei Kerzenschein. Der Koch versteht sich besonders auf Fischgerichte. *So geschl. | Ny Østergade 9 | Tel. 33 14 57 43 | alsace.dk | Metro Kongens Nytorv | Indre By |* *c2*

17 TÅRNET

Dafür, dass du im Turm von Christiansborg Slot über dem Parlament eine tolle Aussicht genießt, sind die Preise für das vom Sterneküchenmentor Claus Meyer angerichtete Smørrebrød-Lunch nicht mal zu steil. Erlesene Minikarte mit vegetarischer Option. *Di–Sa Lunch, Dinner, So 11.30–16.30 Uhr | Christiansborg Slotsplads | Tel. 28 10 14 02 | meyers.dk | Metro Gammel Strand | Indre By |* *b3*

18 BARR

Gegenüber von Nyhavn, wo bis 2016 das Noma servierte, zog das Barr ein – eine Gemeinschaftsidee von Noma-Chef René Redzepi und dem im Barr kochenden Deutsch-Dänen Thorsten Schmidt. Die Idee der strikten Nordischen Küche ist hier auf Nordseeküche ausgedehnt, deutsches Sauerkraut und englisches Marmite inklusive. Lässige, bezahlbare Spitzenküche mit Bier und Akvavit, passend dazu ein großer Tresen für Craftbier-Trinker. Sichtbeton, Holz, Wolle sind schlanke Designideen von Snøhetta, legere Kellnerschaft sorgt ebenso für entspannten Stil. *Mi/Do 17–23, Fr–So 12–23 Uhr | Strandgade 93 | Tel. 32 96 32 93 | restaurantbarr.com | Hafenbus Nyhavn | Indre By |* *d3*

INSIDER-TIPP
Nordseeküche

19 KIIN KIIN

Seit 2008 angeblich das einzige Thairestaurant außerhalb Thailands mit einem Michelinstern – so viel dazu, dass sich angeblich alles nur um Nordic Cuisine dreht. Wobei: Küchenchefin Dadak Ladaporn sagt, dass sie die Thaiküche zerlegt und neu auf coole nordische Art zusammensetzt. Vor dem Essen sitzt du in Nørrebros ge-

Auch wenn's indisch anmutet: In der Nimb Brasserie gibt's keine Currys, sondern Luxusbrote

mütlichster Lounge, um zu entspannen. Im Juli schließt das Restaurant, um Inspirationen in Thailand zu sammeln. *So geschl. | Guldbergsgade 21 | Tel. 35 35 75 55 | kiin.dk | Metro Nørrebros Runddel | Nørrebro | ▯ J3*

20 NIMB BRASSERIE

Smørrebrød in Luxusausführung. Hier trifft dänische Küche *(leverpastej)* auf raffinierte französische Küche *(foie gras)*. Der Blick ins Tivoli und auf die zig Lämpchen des Hotels Nimb garantiert einen märchenhaften Abend. Mittags *frokost*. *Tgl. | Bernstorffsgade 5 | Tel. 88 70 00 00 | nimb.dk | Metro, S-Bahn, Bus 5C, 11, 33, 68 Hovedbanegård | Indre By | ▯ a4*

21 SILO

Ein Highlight in architektonischer und kulinarischer Hinsicht. Im 17. Stock eines umgebauten Kornspeichers im spektakulär umgemünzten Nordhavn reichen die Fenster des aufgesetzten Glaskubus bis zum Boden, weshalb beim Genuss der unmodisch weltläufigen Topküche Hochgefühle aufkommen – oder Schwindel.

INSIDER-TIPP
Süffiges Hoch

Cocktails (bis 24 Uhr) zur Aussicht über Sund und neue City heißen *Setting Sun* (süß) und *Night Vision* (spritig). Vorbuchen! *Tgl. | Helsinkigade 29 | Tel. 39 29 29 20 | restaurantsilo.dk | Metro Nordhavn | Østerbro | ▯ N1*

22 MARCHAL

Die superbe französische Arroganz der Haute Cuisine wird im Restaurant Marchal des Grandhotels d'Angleterre noch dänisch einen Hauch geerdet – Chefkoch Jakob de Neergaard ist der Kaviar unter den Altweltküchen-Chefs Kopenhagens und bekommt verlässlich seinen Stern. Platzhirsch für Gourmets seit 1755! *Tgl. Frühstück, Lunch (außer So), Dinner | Kongens Nytorv | Tel. 33 12 00 94 | dangleterre.com | Metro Kongens Nytorv | Indre By | 🕮 c2*

23 NO. 2

In die Hafenfront eingereiht, mit super Sicht auf die Königliche Bibliothek vis-à-vis. Die kleine, feine Menükarte bietet eins zu eins adäquate vegetarische Optionen, die fast neugieriger machen als die Fleischversionen. *Mo–Fr Lunch, Mo–Sa Dinner bis 22 Uhr | Nicolai Eigtvedsgade 32 | Tel. 33 11 11 68 | nummer2.dk | Hafenbus Knippelsbro | Christianshavn | 🕮 c4*

INSIDER-TIPP
Sellerieschnitzel

24 THE PESCATARIAN

Das schmucklose Interieur südlich des Kastells konterkariert spannend die gemäldehaft inszenierten Meeresfrüchte-Kreationen. Die Augen essen mit. Große Weinkarte mit speziell viel Riesling. *Mo–Sa Dinner | Amaliegade 49 | Tel. 30 63 83 22 | thepescatarian.dk | Hafenbus Nordre Toldbod | Indre By | 🕮 d1*

25 SUSHI ANABA

Teurer Top-Japaner am Nordhavn mit Tastingmenü und den entsprechenden Weinen sowie alternativ alkoholfreier Begleitung. Abendlich zwei 3-Stunden-Sitzungen (17 und 20 Uhr). Knapp zwei Monate vorher buchbar – Vorauszahlung (!). *Mi–Sa Dinner | Sandkaj 39 | Tel. 61 61 51 86 | sushianaba.com | Metro Nordhavn | Østerbro | 🕮 N1*

RESTAURANTS €€

26 AAMANNS GENBO

Dass *smørrebrød* nicht bloß ein Butterbrot ist, beweist Adam Aamann mit seinen Restaurants. Er belegt keine

Fischgenuss statt Viehauktion: In Kødbyens Fiskebar isst du alles, was schwimmt

Brote, er gestaltet sie zu Farbspielen: Eigelb, Tomatenrot, Kräutergrün, meist aus ökologischem Anbau. Auf dem Ex-Brauereigelände Carlsberg Byen hat das neueste und verspielteste seiner Restaurants eröffnet. *Tgl. Lunch und Dinner | Kildepladsen 8 | Tel. 20 80 52 06 | aamanns.dk | Metro Enghave Plads | Vesterbro | G8*

27 BISTRO BOSCH

Die Ex-Autowerkstatt im Ex-Schlachterviertel ist derzeit in einem großen Bistro mit offener Küche aufgegangen und serviert bezahlbare Menüs mit Biotouch. Cooler Copenhagenstyle mit Lachs-Carpaccio, Grünkohl und Cocktails. *Tgl. | Halmtorvet 19 | Tel. 33 31 20 00 | bistrobosch.dk | Bus 23 Gasværksvej | Vesterbro | J7*

28 HUKS FLUKS

Das Café und Restaurant auf dem Gråbrødretorv bietet südeuropäische Küche mit dänischem Einfluss an. Zusätzlich gibt's eine Weinbar, auch zum Durchtesten. *Tgl. | Gråbrødretorv 6–8 | Tel. 33 91 92 93 | huksfluks.dk | Metro Gammel Strand oder Nørreport | Indre By | b2*

29 KØDBYENS FISKEBAR ★

Frischer Fisch in ehemaligen Viehauktionshallen: Du isst an der Bar, rundherum ist alles noch so weiß gekachelt wie früher. Wem die Hocker zu unbequem sind, bekommt an Tischen alles serviert, was das Meer so hergibt: Aal, Scholle, Langusten, Hering ... Hingucker sind das Aquarium und die coolen Szenetypen aus Vesterbro. *Tgl. | Flæsketorvet 100 | Tel. 32 15 56 56 | fiskebaren.dk | S-Bahn Dybbølsbro Station | Vesterbro | J7–8*

30 DET LILLE APOTEK

Angeblich das älteste Restaurant der Stadt. Im Souterrain, umgeben von alten Büchern und Antiquitäten, glaubst du sofort, dass hier seit 1720 traditionell dänisch gekocht wird. Mittags *frokost*-Teller zum Sattwerden, abends Gerichte wie Schweinebraten mit Kruste. *Tgl. | Store Kannikestræde 15 | Tel. 33 12 56 06 | detlilleapotek.dk | Metro, S-Bahn Nørreport | Indre By | b2*

31 MAVEN

Akzent auf französischem Schmaus, auch zum kurzen Austern-Champagner-Snack beim Amagertorv unter lichter Deckenhöhe der längst aufgelassenen Nikolaj-Kirche. Unter gleichem Dach gibt's wegweisende junge Kunst (s. S. 34). *So geschl. | Nikolaj Plads 10 | Tel. 32 20 11 00 | restaurantmaven.dk | Metro Kongens Nytorv | Indre By | b3*

32 PEDER OXE

Frokost- und Abendrestaurant mit deftigen Gerichten. Im Gewölbe des ehemaligen Klosters gibt es Hochprozentiges. *Tgl. | Gråbrødretorv 11 | Tel. 33 11 00 77 | pederoxe.dk | Metro Nørreport oder Gammel Strand | Indre By | b2*

33 TOLD & SNAPS

Im Kellerrestaurant am Kongens Nytorv findest du all das, was auf ein *smørrebrød* gehört – vor allem Fisch. Und da Fisch schwimmen muss, stehen Schnapsgläser griffbereit. *Tgl. 11.30–16 Uhr | Toldbodgade 2 | Tel. 33 93 83 85 | toldogsnaps.dk | Metro Kongens Nytorv | Indre By | 📖 d2*

34 WOK SHOP
Chicken, Curry, Cashew: Köstliche thailändische Küche zu fairen Preisen bekommst du in aufgeräumtem, trotzdem gemütlichem Interieur. *Tgl. | Ny Adelgade 6 | Tel. 33 91 61 21 | Metro, Bus 1A, 26 Kongens Nytorv | Indre By | 📖 c2*

RESTAURANTS €

35 A-ROII
Feine, frische Thaigerichte zum Mitnehmen in Nørrebros Take-away-Filiale des *Kiin Kiin* (s. S. 74). *Tgl. 17–22 Uhr | Guldbergsgade 21 | Tel. 35 35 95 05 | aroii.dk | Metro Nørrebros Runddel | Nørrebro | 📖 J3*

36 ATLAS BAR
Ob mexikanisch, indisch, italienisch oder thailändisch – in diesem Lokal im Latinerkvarteret steht vor allem saisonales Gemüse auf der Speisekarte. Außerdem Straußenfleisch und frisch gepresste Säfte. *So geschl. | Larsbjørnsstræde 18 | Tel. 33 15 03 52 | atlasbar.dk | Metro Rådhuspladsen | Indre By | 📖 a3*

37 FOLKEHUSET ABSALON
Wie tickt Kopenhagen? In einer zur Begegnungsstätte umgebauten Kirche in Vesterbro isst du jeden Abend ab 18 Uhr für 50 DKK mit über 150 Leuten, die dich und die du kennenlernen willst. Gerichte tgl. auf der Webseite, dort auch vorbuchen. *Sønder Blvd. 73 | Tel. 38 03 02 21 | ab saloncph.dk | Metro Enghave Plads | Vesterbro | 📖 H8*

38 BINDIA
Indische Küche ohne Frittenfett und Zusatzstoffe – als Online-Take-away preiswerter. *Tgl. 16.30–22.30 Uhr | Blegdamsvej 130 | Tel. 35 43 88 38 | bindia.dk | Metro Trianglen | Østerbro | 📖 L2*

39 CAFÉ SORGENFRI
Für Liebhaber der klassischen dänischen Küche: Bestell das warme Nationalgericht *flæskesteg med rødkol*, Schweinebraten mit Rotkraut. Die Kruste ist besonders knusprig. *Tgl. | Brolæggerstræde 8 | Tel. 33 11 58 80 | cafesorgenfri.dk | Metro Gammel Strand | Indre By | 📖 b3*

40 KANAL CAFÉEN
Seit 1851 wird hier in gediegenem Ambiente köstliches, klassisch-dänisches *smørrebrød* serviert. *Mo–Fr 11.30–17, Sa 10.30–15 Uhr | Frederiksholm Kanal 18 | Hafenbus Det Kongelige Bibliotek | Indre By | 📖 b4*

41 RISTORANTE ITALIANO
INSIDER-TIPP **Dolce far niente**

Der Koch rühmt sich, der erste Pizzabäcker Kopenhagens zu sein. Im Schatten der Vor Frue Kirke sitzt du draußen perfekt für fast italienisches Piazzagefühl. Vor 18 Uhr wird es noch preiswerter. Viele Touristen! *Tgl. | Fiolstræde 2 | Tel. 33 11 12 95 | Metro Gammel Strand | Indre By | 📖 b3*

42 SFUSO & CICCHETTI

Italienische Häppchen (Cicchetti!) mit Wein und Röstbrot, also ein überraschendes Tapas-Erlebnis im farbstarken Ambiente – schön als Paar. *Di–Sa 17.30–24 Uhr | Oehlenschlægersgade 13 | Tel. 31 67 21 20 | Bus 7A, 26 Frederiksberg Allé | Frederiksberg | H7*

43 CAFÉ 8-TALLET

Am Fuß des kuriosesten Wohnkomplexes von Ørestad. Der Blick fällt aus großen Fenstern aufs Naturschutzgebiet Kalvebod Fælled – du hast Ørestad buchstäblich hinter dir und kannst bei Burger, Risotto oder gutem *smørrebrød* über die Architektur diskutieren. Gemütlich und modern, alles schmeckt (speziell das Sauerteigbrot), dazu die famose Lage. Drinnen gemütlicher Bistrostil, draußen zum Sonnenanbeten – Spaziergang ins Grüngebiet miteinplanen. *Tgl. | Richard Mortensens Vej 81 | Tel. 32 62 86 28 | brasseriet-8tallet.dk | Metro 1 Vestamager | Amager Vest | g4*

44 SIDECAR

Einfach gehaltenes Mobiliar, supernetter Service, abends asiatisches Streetfood, das du mit Craft Beer herunterspülst. Das Kiezcafé in Nørrebro hat Herz und Niveau. Und wenn du Glück hast, spielt gerade Livejazz. *Tgl. | Skyttegade 5 | Bus 12, 66, Skyttegade | Tel. 20 99 97 27 | sidecarnoerrebro.dk | Metro Nuuks Plads | Nørrebro | H4*

45 BJÆLKEHUSET

Ziemlich uriges, herzliches Restaurant im großen Park Søndermarken, mit

Ørestad im Rücken, drinnen gemütlich, vor den Fenstern viel Natur: Café 8-tallet

Biergarten. An karierten Tischdecken sitzt du eher mit Nachbarn als mit Touristen und isst Waffel oder herzhafte gute Tagesgerichte. Ausflug ins Grüne. *Tgl. Lunch, Kuchen, Dinner | Valby Langgade 2 | Tel. 36 30 35 96 | bjaelkehuset.dk | Bus 18, 26 Bjærregårdsvej | Frederiksberg | F8*

46 WULFF & KONSTALI FOOD SHOP

Am Nordende des Amager-Strandparks sitzt du geschützt an langen Tischen. Zum Brunch stellst du dir aus zwei Dutzend Delikatessen fünf oder sieben (21 oder 25 Euro) zusammen. Oder du futterst Frikadelle, Suppe und hausgemachtes Brot. Leckere Obst-Gemüse-Drinks. *Tgl. 7–18 oder 19 Uhr | Lergravsvej 57 | wogk.dk | Metro Lergravsparken | Amager Øst | L8*

SHOPPEN & STÖBERN

Shoppen in einer fremden Stadt ist immer auch die Hoffnung, etwas zu entdecken, was du zu Hause nicht bekommst. In der autofreien Einkaufsmeile Strøget wirst du aber überwiegend auf Bekanntes treffen: Modehäuser mit Massenware und Boutiquen mit internationaler Designermode.

Feine Adressen in Sachen Silber, Kristall und Porzellan findest du am *Amagertorv*, stilvolle Mitbringesel vom Löffel bis zur Lampe im Designkaufhaus *Illums Bolighus*. In der Innenstadt – dänisch *Indre By* – solltest du die Strøget verlassen und in die Seitenstraßen eintau-

Alle Adressen in diesem Kapitel findest du auf der Faltkarte

Wer dänisches Design liebt, kommt an Illums Bolighus nicht vorbei

chen. In dem Quartier zwischen *Købmagergade*, *Kronprinsensgade* und *Antonigade* verstecken sich die internationalen wie teuren Modemacher. Jünger, verrückter sind die Läden und Boutiquen in Vesterbro. Designer und Künstler mit eigenen Ateliers haben sich entlang der Istedgade und Vesterbrogade niedergelassen. Die Läden im Multikultiviertel Nørrebro sind superspannend und laden zum Bummel rund um den Sankt Hans Torv und durch die Elmegade ein.

WO KOPENHAGEN SHOPPT

MARCO POLO HIGHLIGHTS

★ **RAVNSBORGGADE**
In Nørrebro: Teures und Trödel an jeder Ecke ➤ S. 85

★ **LADYFINGERS**
Kreativ kollektiv: Die Boutique funkelt famos vom Schmuck der vier Designerinnen ➤ S. 90

★ **ROYAL COPENHAGEN**
Floral bemaltes Tafelgeschirr in Indigoblau fürs Königshaus ➤ S. 90

★ **GEORG JENSEN SILVER**
Dänisches Handwerk hat silbernen Boden beim berühmten Schmuckdesigner ➤ S. 90

★ **BANG & OLUFSEN**
Eintauchen in akustische Klangwelten: So hast du deine Musik noch nie gehört ➤ S. 85

★ **LOUIS POULSEN**
Designlampen-Reich mit Leuchten von traditionell bis zeitgenössisch ➤ S. 87

★ **TORVEHALLERNE**
Edle Markthallen mit oft ökologisch korrekter Ware ➤ S. 89

★ **ILLUMS BOLIGHUS**
Dänemarks Designkaufhaus fürs eigene Heim ➤ S. 86

RUND UM DEN AMAGERTORV

An Strøgets Edelplatz und der Købmagergade qualmen Kreditkarten

Du magst es bürgerlicher, gediegener? Dann wirst du dich in *Østerbro* wohlfühlen mit seinen edlen Boutiquen, Schuhgeschäften und Delikatessläden in der *Østerbrogade, Willemoesgade* und *Classensgade*.
Kopenhagens Antiquitätenszene hat einen ausgezeichneten Ruf. Die Händler haben sich rund um das Palais Amalienborg in der *Bredgade* angesiedelt; weitere findest du in der *Kompagnistræde* und *Læderstræde*.
Der Shoppinghit in Kopenhagen sind noch immer die *Flying Tiger* Shops. Quasi ein Zehn-Kronen-Shop (Ti heißt zehn auf Dänisch), bieten die inzwischen in 30 Ländern vertretenen Läden – typisch dänisch – absolut erschwingliches, witziges Design für Haushalt und Kindergeburtstag. In Kopenhagen gibt's Dutzende. Vieles fertigt die Kette selbst. Etwa eine kleine Bodumkanne aus Glas, für die du knapp 6 Euro hinlegen musst.

WOHIN ZUERST?

City-Kaufhäuser findest du am **Kongens Nytorv** *(c2)* und entlang der **Strøget** *(a3–c2)*. Extravagante Boutiquen haben sich in den Gassen rechts und links der **Købmagergade** *(b2–3)* angesiedelt. Wer lieber ungezwungen stöbert oder nach antiquarischen Schnäppchen sucht, findet sein Einkaufsparadies in Nørrebro, und zwar in der **Ravnsborggade** *(J4)*, während die **Jægersborggade** *(G–H3)* gesäumt ist mit ausgefallenen Boutiquen.

ANTIQUARIATE

1 ELMEGADES ANTIKVARIAT

In Nørrebros kleiner Shoppingstraße nahe dem Sankt Hans Torv biegen sich die Regale unter zahllosen Büchern aus zweiter Hand. Seit 40 Jahren. *Elmegade 10 | Bus 1A, 5C Elmegade | Nørrebro | J4*

2 PALUDAN BOG & CAFÉ

Sich Zeit lassen ist hier Programm: Du frühstückst oder stärkst dich mit kleinen Gerichten, umgeben von hohen Bücherregalen. Im wunderbarsten Buchladen-Café (mit leckerem Kuchen) des Latinerkvarterets lohnt der Blick auf preisreduzierte Bildbände, da Bücher in Dänemark sehr teuer sind. *Fiolstræde 10 | paludan-cafe.dk | Metro, S-Bahn Nordhavn | Indre By | a2*

ANTIQUITÄTEN

3 GREEN SQUARE ANTIQUES

Der größte Antiquitätenladen in Kopenhagen. Auf 10 000 m² Ausstellungsfläche kannst du zwischen Möbeln, Lampen, Bildern und Silber stöbern. Green Square ist außerdem spezialisiert auf chinesische Antiquitäten. *Sundkaj 161 | greensquare.com | Metro, S-Bahn Nordhavn | Nordhavn | N1*

4 HOT KOTYR

Hier geht dir buchstäblich ein Licht auf. Oder ganz viele. Denn das Lampenantiquariat gegenüber vom Assistens-Friedhof, das gefühlt seit Lichtjahren existiert, verfügt über ein

Lesen? Erst mal gemütlich einen Kaffee trinken im Paludan Bog & Café

undurchsichtiges Reich von Designklassikern. Etwa die wunderbare Pendelleuchte *Orient* von Jo Hammerborg oder die Hängelampe *Bang* von Jacob E. Bang. Der Herr der vielen Lampen (und Vinyl) restauriert selber und ist ein guter Erzähler. *Nørrebrogade 76 | Metro Nørrebros Runddel | Nørrebro | H4*

INSIDER-TIPP
Geschichten von Aladin

5 PORCELÆNSKÆLDEREN

Im Souterrainladen nahe dem Amagertorv findest du neben Gläsern eine große Auswahl an antikem Porzellan der Hersteller Royal Copenhagen und Bing & Grøndahl. Raritäten haben allerdings ihren Preis! *Mo–Fr 12–17, Sa 11–14 Uhr | Læderstræde 11 | porcelaenskaelderen.dk | Metro Gammel Strand | Indre By | b3*

6 RAVNSBORGGADE ★

Diese Straße in Nørrebro ist das Mekka der Antiquitätenhändler. Über 30 Antikläden haben auch am ersten Sonntag im Monat geöffnet. Vom Trödel bis zur kostbaren Rarität gibt es alles: Kristall, Silber, Möbel. Natürlich auch Sperrmüll – wer ihn gebrauchen kann. Eine Übersicht der Händler findest du unter *facebook.com/ravnsborggade. Bus 5C Ravnsborggade | Nørrebro | J4*

DESIGN

7 BANG & OLUFSEN ★

Hören, schauen, träumen! Mach einen Stopp im denkmalgeschützten

Haus *Svane Apotek* auf der Strøget mit dem Hauptgeschäft des High-End-Designers von Unterhaltungselektronik. Nimm auf Sitzinseln Platz und dreh dich beim Musikhören sanft um die eigene Achse. Du kannst auch deine eigene Musik mitbringen und sie auf Lautsprechern abspielen, die per Touchscreen aus der Wand kommen. *Østergade 18 | Metro Kongens Nytorv | Indre By | c2*

INSIDER-TIPP
So klingt dein eigener Sound

8 CASA SHOP

Um die Ecke vom Kongens Nytorv findest du Kleinmöbel, Lampen und Accessoires im dänischen Design. *Store Regnegade 2 | Metro Kongens Nytorv | Indre By | b2*

9 DAHLS FLAGFABRIK

Flaggentücher in Hülle und Fülle: Die echten Dannebrogs sind unverwechselbare Schmuckstücke in jeder Ausführung, von der Papierfahne am Zahnstocher für das kalte Buffet bis zum Tuch für den Mast im Garten. *Nørre Voldgade 25 | dahls-flag.dk | Metro Nørreport | Nørrebro | a2*

10 DESIGNERZOO

Vesterbros Designkollektiv präsentiert und verkauft Stücke aus gut 75 dänischen Werkstätten. Bei Goldschmiedearbeiten und Schreinerei kannst du sogar zuschauen. *Vesterbrogade 137 | designerzoo.dk | Bus 26 Platanvej | Vesterbro | G7*

11 RAVHUSET

Gar nicht so gruselig, wie ein ganzes Haus voller Bernstein klingen mag. Im prominenten Eckhaus in Nyhavn gibt es Kostbares aus dem sogenannten nordischen Gold: Ketten, Colliers und Ringe, gefasst in Gold oder Silber. Mehr über den gelben Schmuckstein aus fossilem Baumharz erfährst du im angeschlossenen *Museum (Mai–Sept. tgl. 9–19.30 Uhr, Okt.–April tgl. 10–17.30 Uhr | Eintritt 35 DKK)* der Kette, die in acht Ländern mit Geschäften vertreten ist. *Nyhavn 2 | houseofamber.com | Metro Kongens Nytorv | Indre By | c2*

12 ILLUMS BOLIGHUS ★

Schade, der Sessel passt nicht ins Auto. Und der Teppich? Träumen kann man ja mal im Einrichtungshaus des Illum-Kaufhauses, das 100 m entfernt liegt. Hier bekommst du alles in Sachen dänisches Design – im Erdgeschoss auch bezahlbare Kleinigkeiten wie witzige, coole Küchenutensilien. *Amagertorv 10 | Metro Kongens Nytorv | Indre By | b3*

13 KLASSIK COPENHAGEN

Endlich mal in einem Jacobsen-Stuhl sitzen dürfen! In diesem Möbelhaus kaufst du gebrauchte Stücke dänischer Möbeldesigner: Sessel und Stühle von Børge Mogensen und Arne Jacobsen, neu oder restauriert. *Bredgade 3 | Metro Kongens Nytorv, Bus 23 Dronningens Tværgade | Indre By | c2*

14 NOTRE DAME

Früher nannte man solch ein Geschäft Haushaltswarenladen. Sehr vernünftige Auswahl für Küche, Bad, Büro oder Wohnzimmer: Papierwaren, Geschirr, Lampen, Kleinmöbel. Die Stöberei ist nur wenige Meter von der Strøget entfernt in einem schönen Ladenlokal. *Nørregade 7 | notredame.dk | Metro Rådhuspladsen | Indre By | a3*

15 KERAMIKER

Sehr delikat! In Nørrebros kultiger Jægersborggade kreiert und verkauft Inge Vincents hauchfeine Porzellanvasen und -behältnisse, die alle elfenbeinfarben, aber subtil verschieden sind in Gestalt und Dekor. *Jægersborggade 43 | vincents.dk | Metro Nuuks Plads | Nørrebro | H3*

16 STILLEBEN 22

Zwei dänische Produktdesignerinnen garantieren das weibliche Konzept bei der Auswahl von Designmitbringseln wie Keramik, Drucke, Glas, Textilien. *Frederiksborggade 22 | Metro Nørreport | Indre By | a2*

17 LOUIS POULSEN ★

Es werde Licht. Ob von der Decke, an der Wand oder auf dem Tisch, die Lampen der Designer Poul Henningsen und Louis Poulsen strahlen auf eine ganz besondere Art. Danish Design at it's best: alles zeitlos schön in diesem Showroom. *Kuglegårdsvej 19–23 | Hafenbus Operaen | Christianshavn | N6*

FLOHMÄRKTE

Infos über die *loppemarkeder* gibt es auf *visitcopenhagen.dk*.

18 FLOHMARKT NØRREBRO

Ein echter Flohmarkt mit Trödel: Möbel, Bücher, Spielzeug, Tassen und Teller aus Omas Vitrine. *April–Okt. Sa 9–17 Uhr | Kapelvej bis Nørrebros Runddel | Metro Nørrebros Runddel | Nørrebro | H3–J4*

19 THORVALDSENS PLADS ANTIQUE MARKET

Der etwas feinere Flohmarkt. Hier bauen auch professionelle Antiquitätenhändler aus der Umgebung ihre Stände auf. *Mai–Okt. Fr/Sa 8–17 Uhr | Thorvaldsen Plads 2 | Metro Gammel Strand | Indre By | b3*

GLAS

20 HOLMEGAARD

Leider hat Dänemarks älteste Glasbläserei nur Shop-in-Shops. Eine Auswahl ihrer Schalen und Vasen, Kerzenständer und anderer Glaskunst findest du in den Regalen von *Illums Bolighus* (s. S. 86) und im Flagship Store von *Royal Copenhagen* (s. S. 90). b3

Pantons Panthella leuchtet bei Louis Poulsen in allen Regenbogenfarben

Lust auf junges Gemüse und frische Kräuter? Nix wie hin in die Torvehallerne!

21 NYHAVNS GLASPUSTERI

Wie aus einem Klumpen Glut mithilfe von wohldosiertem Atem und großer Fingerfertigkeit ein filigranes Glas entsteht, kannst du hier hautnah erleben. Seriengläser, aber auch Unikate werden geblasen und verkauft. *Mo–Fr 10–17.30, Sa 10–14 Uhr | Toldbodgade 4 | Nyhavn | copenhagenglass.dk | Metro Kongens Nytorv | Indre By | d2*

KAUFHÄUSER

22 ILLUM

Prachtvolles fünfstöckiges Einkaufszentrum mit exklusiven Designerartikeln und einem Rooftop-Restaurant. Im schicken Teil der Strøget mit oft atemberaubenden Schaufensterdekorationen. *Østergade 52 | illum.dk | Metro Kongens Nytorv | Indre By | b3*

23 MAGASIN DU NORD

Hinter der Neorenaissance-Fassade am Kongens Nytorv warten fünf Etagen des Kaufhauses Magasin du Nord, das edler sein will als das Illum. Im dritten Stock hatte schon H.C. Andersen sein Domizil – geöffnet Do–So. *Kongens Nytorv | Metro Kongens Nytorv | Indre By | c3*

MARKTHALLEN & BLUMEN

24 BERING HOUSE OF FLOWERS

Margrethe II. lächelt von der gerahmten Urkunde über der Bürotür. Es ist der Beweis: Bering House of Flowers ist königlicher Hoflieferant in Sachen Sträuße und Gestecke. Im Laden beim

Rundetårn blüht ein Meer von Blumen, arrangiert wie Ausstellungsstücke. *Landemærket 12 | Metro Nørreport | Indre By | b2*

25 TORVEHALLERNE ★

Die beiden gläsernen Markthallen am Nørreport-Bahnhof sind das Einkaufsmekka für Hobbyköche und Feinschmecker. Gewürze, Öle, Kaffee, Fisch, Fleisch, Gemüse; 60 Stände bieten einfach alles, und das frisch, in bester Qualität. Wer nicht kochen mag, isst in den Markthallen Sushi, Tapas, Pizza und auch *smørrebrød. Mo–Fr 10–19 Uhr, Sa/So 10–18 Uhr | Frederiksborggade 21 | torvehallernekbh.dk | Metro Nørreport | Indre By | a2*

MODE

26 BLACK NO. 1

Schicker Schock. Der Name des Geschäfts im Latinerkvarteret an der Vor Frue Kirke ist Programm: Ob Shirt, Hose oder Jacke – alles schwarz. Und Punk. *Studiestræde 3 | Metro Nørreport | Indre By | a3*

27 BRUNO & JOEL

Designerschuhe aus dem eigenen Haus, aber auch meist teure italienische Markenschuhe, klassisch und in dezenten Farben. Am Südostende des Parks Kongens Have. *Store Strandstraede 9 | Metro Kongens Nytorv | Indre By | c2*

28 RES-RES

Kleidung und Accessoires sind B-Corp-zertifiziert – also ökologisch, sozial und nachhaltig. Jeans werden im Laden repariert. *Guldbergsgade 29c | res-res.com | Bus 5c Kapelvej | Nørrebro | J3*

29 NOA NOA

In diesem Laden geht es richtig bunt zu: romantisch angehauchte Kollektionen, ausschließlich für Frauen. *Østerbrogade 82 | Metro Trianglen | Østerbro | L2*

30 WOOD WOOD

Das Label – mit Stores in Berlin und London – kommt ursprünglich aus dem Szeneviertel Nørrebro und verquickt lokalen Underground mit High End und Sportswear. Haltung vermitteln und so neue Stilreize setzen ist das Credo. Gelungener Spagat. *Grønnegade 1 | woodwood.com | Metro Kongens Nytorv | Indre By | b2*

31 SAMSØE & SAMSØE

Gibt's auch in Berlin, aber hier kommt die Ästhetik her, geprägt von nordischem Minimalismus und dänischem Street Style. *Pilestræde 8c | Metro Kongens Nytorv | Indre By | b2*

32 HENRIK VIBSKOV

Farbenfrohe und extravagante, unkonventionelle Schnitte für Frauen und Männer. Die preisgekrönte Mode des Musikers, Künstlers und Designers ist ein echter Hingucker – wer es sich traut, kann auch zugreifen. *Gammel Mønt 14 | henrikvibskovboutique.com | Metro Nørreport | Indre By | b2*

33 THIRDHAND

Aus dritter Hand werden Topdesigner irgendwann erschwinglich. Die nette

Inhaberin der kleinen Souterrain-Boutique kauft in Paris, Mailand und London Secondhandmode in Topzustand und kuratiert Dior und YSL um, wobei ihr Nachhaltigkeit wichtig ist. Ganz und gar süß. *Klosterstraede 24 | thirdhandvintage.com | Metro Gammel Strand | Indre By | b2*

PORZELLAN, SILBER & SCHMUCK

34 GEORG JENSEN SILVER ★

Georg Jensen (1866–1935) hämmerte alles in Silber: Besteck, Schmuck, Uhren, Schalen und Leuchter. Der Bildhauer und gelernte Silberschmied hat Maßstäbe gesetzt und wird als der größte Silberschmied des letzten Jahrhunderts gerühmt. Der Laden selbst ist auch ein echtes Schmuckstück. *Amagertorv 4 | Metro Kongens Nytorv | Indre By | b3*

35 LADYFINGERS ★

Glitzerndes zeitgenössisches Geschmeide in einem Souterrainladen in der hippen Jægersborggade. Vier Designerinnen inspirieren sich gegenseitig und fertigen allen Schmuck selber, zum Teil auch direkt vor Ort. *Jægersborggade 4 | ladyfingers.dk | Bus 8A Jægersborggade | Nørrebro | H4*

36 ROYAL COPENHAGEN ★

Die traditionsreiche, 1775 gegründete Porzellanmanufaktur stellt ihr Tafelgeschirr in dem wunderschönen Renaissancehaus am Amagertorv aus. In den Sommermonaten kannst du den Porzellanmalern über die Schulter schauen. Porzellan 2. Wahl gibt es im *Royal Copenhagen Factory Outlet (F6) (Søndre Fasanvej 9 | Bus 4A Peter Bangs Vej). Amagertorv 6 | Metro Kongens Nytorv | Indre By | b3*

SÜSSES

37 PETER BEIER CHOKOLADE

Schokoladenkunstwerke, Konfekt, Pralinen – dazu in mehreren Läden tolle Tees und Weine. Im Cityladen *(Store Kongensgade 3 | Metro Konsens Nytorv | Indre By | c2)* leckst du dir die Finger nach dem Schokobrunch mit Knäckebrot, Schokomüsli, Trüffelsalami und flambierten Trauben mit Kakaonibs.

INSIDER-TIPP
Schoko total!

Im Laden gegenüber vom Tivoli-Haupteingang *(Vesterbrogade 2V | Bus 12, 14, 26 Vesterbrogade | Indre By | a3)* in den kupferverkleideten Axel Towers mit Läden und Restaurants lässt du dir das mit Kakaobohnen gebraute *Raw Chocolate Ale* servieren.

38 PARADIS IS

Hier werden ausschließlich Ökomilch und Früchte verarbeitet, und zwar ohne Konservierungsstoffe. Jede Sorte wird täglich frisch zubereitet. Spitzenreiter ist Schoko! Es gibt elf Filialen in der Stadt, u. a. in der *Købmagergade*, am *Vesterbrotorv* und die Hauptfiliale am *Sankt Hans Torv 24. Bus 1A Sankt Hans Torv | Nørrebro | J4*

39 SØMODS BOLCHER

Die echten großen Bonbons, die man nur lutschen und nicht beißen kann,

Frühstück im klassischen Weiß-Blau-Look: mit Geschirr von Royal Copenhagen

findest du hier. Der königliche Hoflieferant in Sachen Naschkram fertigt die Bonbons noch mit der Hand wie vor 100 Jahren. *Mo–Do 10–17.30, Fr 10–18, Sa/So 10–15 Uhr | Nørregade 36 | Metro Nørreport | Indre By | a2*

VINYL

40 ACCORD

Seit gut 75 Jahren gibt's hier Vinyl-Schätzchen, aktuell sind es 50 000 Schallplatten. **Du bekommst 1 Platte für 30, 4 Platten für 100 Kronen!** *Vesterbrogade 63 | Bus 7A, 26, Vesterbros Torv | Vesterbro | H7*

INSIDER-TIPP Bargain!

41 CRATE

Wie es sich für die kreativ hochwertige Jægersborggade gehört, firmiert hier auch einer besten Plattenläden. Nicht besonders groß, dafür aber Schätzchen in Sachen Jazz, Soul und Hip-Hop. **Beim Stöbern, Musikhören und Mitwippen trinkst du den vielleicht preiswertesten halben Liter Bier (45 DKK) der Stadt – groovy!** Manchmal gibt's Release-Partys. *Jægersborggade 50 | Bus 8A, 18 Jægersborggade | Nørrebro | H3*

INSIDER-TIPP Prost, Platte!

42 SORT KAFFE & VINYL

Schwarzer Kaffee und schwarzes Vinyl passen hier gut zusammen. Der Kaffee stammt aus der Rösterei in der Studiestræde 36 ums Eck, dazu Funk, Jazz, World Music, Hip Hop. Draußen stehen Tischchen zum Abhängen und Leute beobachten. *Skydebanegade 4 | Metro Enghave Plads | Vesterbro | J7*

AUSGEHEN & FEIERN

Nicht nur das Ballett ist Weltspitze: Kopenhagen bietet hervorragende Locations für Ausgehfreudige. Jazz wird öffentlich gefördert, und täglich finden Konzerte statt. Auch bei Dunkelheit besehen gibt's keine Zweifel: Ob in Kneipen, Bars, Clubs oder Diskotheken, die Kopenhagener sind fröhliche Feierbiester. Teuer in der Indre By oder preiswerter in den Brückenvierteln, dein Geld wirst du besonders bei Getränken los.

Willst du dabei sein und nach dem Theater- oder Konzertbesuch in eine Bar gehen, wirst du dich womöglich in der Leere des Lokals

Der Abend kann beginnen: blaue Stunde am Opernhaus

langweilen. Warum? Du bist zu früh gekommen. Jetzt aber bitte nicht gleich aufgeben und deshalb ins Hotel zurückkehren – die anderen kommen erst noch! Mit dem neuen Tag, spätestens gegen 1 Uhr, wird es voll – sehr voll! In die Bars und Clubs um den *Kongens Nytorv* zieht es dann vorwiegend die betuchtere und touristische Menge. In *Kødbyen*, dem einstigen Schlachthofviertel in Vesterbro, treffen sich am *Halmtorvet* und in der *Istedgade* die Künstler – und solche, die sich dafür halten. International gesinnte Locals feiern gelassen in *Nørrebro*.

WO KOPENHAGEN AUSGEHT

MARCO POLO HIGHLIGHTS

★ **JAZZHUS MONTMARTRE**
Legendärer Jazzclub mit Mahlzeiten am Tisch ➤ S. 102

★ **MIKKELLER BAR**
Im Bierkönigreich geht sogar 20 Prozent Alkoholgehalt runter wie Øl ➤ S. 100

★ **OPERAEN**
Der reichste Kopenhagener schenkte der Stadt ein Opernhaus mit Baseballcap ➤ S. 96, 42

★ **HUSET**
Im Kulturhaus wollen alle nur spielen – sogar auf Spielbrettern ➤ S. 102

★ **LIDKØB**
Gepflegtes Trinken wie im bürgerlichen Wohnzimmer ➤ S. 98

★ **KONCERTHUSET**
Klassik, Jazz, Rock und Pop im blauen Kubus von Danmarks Radio ➤ S. 96

★ **SKUESPILHUSET**
Das Schauspielhaus: Attraktion der Kopenhagener Kulturszene ➤ S. 96

★ **VEGA**
Alles unter einem Dach: Starauftritte, intime Konzerte und Topdisko ➤ S. 103

BALLETT, THEATER, OPER & KONZERTE

1 DET KONGELIGE TEATER

Ballettaufführungen des Königlichen Theaters haben Weltruf. Gibt es keine Karten mehr, leuchten die beiden Laternen am Haupteingang des Theaters rot auf. Mit Glück erstehst du am Tag der Aufführung noch eine bis maximal vier der 25 Restkarten im Billetcenter. Du musst diese persönlich abholen. Nicht abgeholte Karten für die Vorstellung am gleichen Tag gibt es ab 16 Uhr zum halben Preis. Das Schlangestehen lohnt sich! *Kartenbestellung im Billetcenter (tgl. 14–18 Uhr persönlich, Mo–Fr 9.30–16 Uhr telefonisch | August Bournonvilles Passage 1 | Tel. 33 69 69 69 | M5–6). Kongens Nytorv 1 | kglteater.dk | Metro Kongens Nytorv | Indre By | c3*

2 KONCERTHUSET ★

Kobaltblau ist der Kubus auf dem Gelände von Danmarksradio DR. Im Inneren befinden sich vier Konzertsäle, in denen Klassik, Jazz, Rock oder Pop zu hören ist. Das Konzerthaus rühmt sich, die beste Akustik aller Konzerthäuser zu bieten – dank eines verstellbaren Schallsegels über der Orchesterbühne. *Tickets: Koncerthuset Kundecenter | Mo–Fr 12–16 Uhr | Tel. 35 20 62 62 | Ørestads Blvd. 13 | drkoncerthuset.dk | Metro DR Byen | Amager Øst | g4*

WOHIN ZUERST?

Das hängt davon ab, wie alt du dich fühlst. In der Altstadt rund um den **Kongens Nytorv** *(M5)* geht es eher gediegen zu. Jung, bunt und ausgelassen ist die Szene in den **Brückenvierteln**. Besonders angesagt ist **Kødbyen** *(J7)*. Im ehemaligen Schlachterviertel am Halmtorvet kannst du in Clubs und Bars die Nacht zum Tag werden lassen.

3 OPERAEN ★

Ballett, Oper, Schauspiel, Drama und Konzerte stehen auf dem Spielplan der Königlichen Oper. Imposant ist neben der Architektur auch die Akustik. Die Karten *(80–900 DKK)* solltest du am besten vorbestellen. Wie beim Königlichen Theater kannst du am Tag der Vorstellung im Billetcenter noch Restkarten ab 16 Uhr zum halben Preis erwerben, die persönlich abgeholt werden müssen. Den Abend stilvoll mit einem Menü im Restaurant der Oper beginnen? Dann rechtzeitig reservieren *(Tel. 33 69 69 69)! Kartenbestellung im Billetcenter (wie im Det Kongelige Teater) | Ekvipagemestervej 10 | kglteater.dk | Hafenbus Operaen, Bus 9A Galionsvej | Indre By | N5*

4 SKUESPILHUSET ★

Nahe dem Amalienborg Slot, am Hafenufer gegenüber der Oper, fügt sich das Schauspielhaus als ein weiteres Highlight dänischer Architektur in die flache Kopenhagener Skyline. Die Fassade aus Ziegeln, Kupferblech und Glas ist ein klarer Gegenentwurf zur bombastischen Oper. Auch außerhalb der Spielzeiten – alle Stücke werden in Dänisch aufgeführt – kannst du im Foyer den Panoramablick aufs Was-

Wer hat hier die Dirigierhosen an? Aufführung von „Amadeus" im Königlichen Theater

ser und die Oper genießen und speisen. Laue Abende verbringt man gerne mit einem Getränk in der Hand auf dem übers Wasser verlaufenden langen Plankenweg. Halt Ausschau nach alternativen Vorstellungen draußen auf dem Ofelia Plads, der Verlängerung des hölzernen Plankenwegs. *Sankt Annæ Plads 36 | skuespilhuset.dk | Metro Kongens Nytorv | Indre By | a d2*

INSIDER-TIPP
Sommertheater am Wasser

5 TIVOLIS KONCERTSAL

Klassische Konzerte im Vergnügungspark? Das geht! Die runde Konzerthalle im Tivoli wurde 1890 eröffnet und 2004 ästhetisch brillant ins nächste Millennium gehievt. Die Fassade wirkt wie ein Vorhang, dahinter finden mehr als 1600 Besucher meist klassischer Konzerte Platz. Das Philharmonische Orchester hat hier seine Heimstatt. *Karten Tel. 33 15 10 01 | Vesterbrogade 3 | Metro København H (Hovedbanegård) | Indre By | a a4*

BARS

6 BANG & JENSEN

Tagsüber ein Café mit Außenplätzen.Zu später Stunde mutiert die alte Apotheke in Vesterbro zur Bar und Disko. Der DJ erfüllt deine Musikwünsche. *Tgl. | Istedgade 130 | bangogjensen.dk | Metro Enghave Plads | Indre By | a H7*

7 BARKOWSKI

Kneipe oder Bar? Auf jeden Fall eine gelungene Mischung! Eingeschenkt wird vorwiegend Bier. Wer mag, wirft Pfeile auf eine Scheibe oder versenkt Kugeln im Billardtisch. *Tgl. | Nørre Farimagsgade 57 | barkowskibar.dk | Metro Nørreport | Indre By | a a1*

8 BIBENDUM

Die Weinbar schenkt 54 offene und ungezählte Flaschenweine aus allen

Winzernationen aus. Als Grundlage gibt's Tapas. *So geschl.* | *Nansensgade 45* | *Metro Nørreport* | *Indre By* | *a2*

9 CARLTON

Beliebte Bar in Vesterbro, gegenüber den Øksnehallen. Hier werden gute Longdrinks und Cocktails gemixt, außerdem gibt's ab 17 Uhr Burger, Pasta und Fischgerichte. *Tgl.* | *Halmtorvet 14* | *Tel. 33 29 90 90* | *carltonkbhv.dk* | *Metro København H (Hovedbanegård)* | *Indre By* | *J7*

10 CENTRALHJORNET

Kopenhagens älteste Schwulenbar feierte 2017 ihren 100. Geburtstag. Das Ambiente ist kitschig-gemütlich, beliebt sind die Bühnenshows. *Tgl.* | *Kattesundet 18* | *hinter dem Rathaus* | *Tel. 33 11 85 49* | *centralhjornet.dk* | *Metro Rådhuspladsen* | *Indre By* | *a3*

Sieht nach wenig aus? In der Bar Carlton sind eben Getränke die Hauptsache

11 HEIDI'S BIER BAR

Skurril können die Dänen auch. Bei Heidi gibt es deutsches Bier und Würstchen mit Kartoffelsalat. Am Wochenende serviert die Dänin im Tiroler Dirndl. Kein Grund zum Fremdschämen, hier wird gefeiert. *Tgl.* | *Vestergade 18* | *heidisbierbar.dk* | *Metro Rådhuspladsen* | *Indre By* | *a3*

12 KASSEN

Die selbst kreierten Drinks wie der *Red Pearl Necklace*, ein Cocktail aus Wodka, dem Saft roter Früchte und Ginger Beer, sind den Besuch wert. Weil's Nørrebro ist, sind auch die Preise nicht so hoch wie in der City. Achtung Klaustrophobiker: Es ist laut und voll, die Gäste kommen sich so zwangsläufig näher. Meist bis 4 Uhr geöffnet. *So–Di geschl.* | *Nørrebrogade 18* | *kassen.dk* | *Bus 1A, 3A, 5C Elmegade* | *Indre By* | *J4*

13 LIDKOEB ★

Vielleicht die schönste Bar Kopenhagens. Geschmackssicher renovierte drei Etagen: unten eine lange, geschäftige Bar plus Diner-Tischreihe an großen Fenstern, darüber eine kleinere für Cliquen und ganz oben eine Whiskylounge mit Kamin. Mit Chesterfield-Mobiliar bestückt. *Tgl.* | *Vesterbrogade 72b* | *lidkoeb.dk* | *Bus 26, 93 N(achtbus) Vesterbros Torv* | *Vesterbro* | *H7*

14 NØRREBRO BRYGHUS

Ob Ale, Pilsner oder Lager, in Nørrebros kleiner Brauerei werden internationale sowie im Haus gebraute Biere ausgeschenkt. Du wählst deinen Biertyp (probieren!) der Mahlzeit entsprechend und triffst auf viele Locals. *Tgl. | Ryesgade 3 | noerrebrobryghus.dk | Bus 5C Ravnsborggade | Nørrebro | ◫ J4*

15 KAYAK BAR

Idealer Sunset-Chill-Spot am Hafenkanal. Drinnen sehr geräumig, draußen toll für Cocktail, Bier und Fish & Chips. *Tgl. ab 11 Uhr | Børskaj 12 | kayakbar.dk | Hafenbus Knippelsbro | Indre By | ◫ c3*

16 PLAZA LIBRARY BAR

Die klassische Hotelbar im Sofitel Copenhagen Plaza zählt zu den fünf besten Gentlemen's Bars der Welt. Umgeben von dunklen Holzwänden und schweren Vorhängen, wird bei Tee, Kaffee oder einem Cocktail gepflegt geplaudert. An Wochenenden treten kleine Jazzcombos auf. *So geschl. | Bernstorffsgade 4 | ligula.se/da/the-library-bar | Metro København H (Hovedbanegård) | Indre By | ◫ K6*

KINOS

Grundsätzlich werden alle Filme in Originalfassung mit dänischen Untertiteln gezeigt. Das aktuelle Programm steht in den Tageszeitungen *Politiken* oder *Berlingske Tidende*.

17 VESTER VOV VOV

Das beste Programmkino der Stadt liegt direkt neben dem Platz Vesterbros Torv. Vor dem Film kannst du schön draußen sitzen, vor der Leinwand fläzt du in Flugzeugsitzen mit kleinen Klapptischchen fürs Getränk. Dänische Filme, z. B. die berühmten Dogma-Filme, werden oft mit englischen Untertiteln gezeigt. *Absalonsgade 5 | vestervovvov.dk | Bus 6A, 26 Vesterbros Torv | Vesterbro | ◫ J7*

18 CINEMATEKET

Ein absolutes Muss für alle Cineasten. In der Cinemateket, die dem Dänischen Filminstitut angeschlossen ist, werden in drei Kinos Filme dänischer und internationaler Regisseure gezeigt (meist mit Untertiteln). Neben Klassikern sind vor allem Werke junger Filmemacher zu sehen, insgesamt mehr als 60 Filme pro Monat. Do–Fr (außer Juli) heißt es Kinderkino: Gezeigt werden dann Filme für Drei- bis Sechsjährige, der Eintritt ist frei. *Gothersgade 55 | Tel. 33 74 34 12 | dfi.dk/cinemateket | Metro Kongens Nytorv, Nørreport | Indre By | ◫ b2*

KNEIPEN

Nachbarschaftskneipen, in denen oft Flaschenbier ausgegeben wird, erkennst du meist an den braunen Fassaden. Drinnen ist oft noch Rauchen erlaubt. Du kommst gut ins Gespräch.

19 BLÅGÅRDS APOTEK

Erstes Haus am Platz in Nørrebro. Nennt sich Café, ist aber eher eine helle Kneipe mit Galeriecharakter. Früher traf sich hier die junge Linke im aufmüpfigen Nørrebro, heute sind es Altlinke, Handwerker, Künstler und Studenten. Ideal, um in Diskurs über Dänemark zu kommen. *Tgl. | Blågårds*

Plads 2 | Facebook: kroteket | Bus 5C Ravnsborggade | Nørrebro | J4

20 HVIIDS VINSTUE

Urgemütliche Kneipenatmosphäre. Nach Oper oder Ballett ist es in Kopenhagens ältester Weinstube brechend voll. In den schummrigen historischen Kellerräumen wird seit 1723 ausgeschenkt, auch Hans Christian Andersen verkehrte hier, worauf auch ein güldenes Reliefporträt hinweist. Im Winter gibt's hier den besten *Gløgg* der Stadt, mit Rosinen, Mandeln und *Pebernødder* (Gebäck). Langsam schlürfen, das Zeug ist hochprozentig! *Tgl. | Kongens Nytorv 19 | hviidsvinstue.dk | Metro Kongens Nytorv | Indre By | c2*

INSIDER-TIPP
Vorglühen und Leute gucken

21 CAFÉ INTIME

Intimer, sanft kitschiger Sammelplatz für alles Zärtliche, Verträumte und geschlechtlich Diverse. Der alte Herr am Klavier fehlt nicht, das Vibrato ist sympathisch ausgeleiert. Der Barmann ist dein Freund. Marlene Dietrich klingt aus dem Lautsprecher, niemand schaut aufs Smartphone. Eher Bierboudoir als Kneipe. Sonntags Jazz. *Tgl. ab 16 Uhr | Allegade 25 | cafeintime.dk | Metro Frederiksberg | Frederiksberg | G6*

22 MIKKELLER BAR ★

Ordentlich Durst mitbringen! Alles riecht und schmeckt nach Erfolg: Gestartet von zwei Hobbybrauern, ist aus der Mikrobrauerei Vesterbros ein Indie-Bierimperium geworden. Hunderte von Bieren und anderen Drinks werden seviert – diese Bar ist Keimzelle und Hefe des weltweiten Erfolgs. Mikkeller hat inzwischen auch in Nørrebro und auf Refshaleøen Biersalons – sowie in Berlin, San Francisco und Paris. Ums Eck ist das Restaurant *Øl & Brød (Viktoriagade 6)* mit tollem *smørrebrød*-nouveau-Menü. *Viktoriagade 8B–C | mikkeller.dk | Bus 6A, 26 Vesterbros Torv | Vesterbro | J7*

23 MC.KLUUD

Vielleicht die kultigste aller Kneipen. Zuerst Treffpunkt von Bikern, dann von Studenten, und heute ist hier die neue Nachbarschaft des leicht gentrifizierten Vesterbro zu Gast. Am Billardtisch fühlst du dich wie im Western Saloon, in der einen Hand das Queue, in der anderen eine Flasche Bier. Entspannte, rauchige Atmosphäre, die Jukebox spielt Rock, das Bier ist für dänische Verhältnisse fast schon billig. *Istedgade 126 | mckluud.dk | Metro Enghave Plads | Vesterbro | H7*

INSIDER-TIPP
Versenk die Kugel

LIVEMUSIK & CLUBS

24 LA FONTAINE

Das darf sich ein Jazzfreund nicht entgehen lassen! In Kopenhagens ältestem Jazzclub greifen nicht nur die Stars, sondern auch die Einheimischen in die Tasten und Saiten – oft bis spät in die Nacht hinein. *Tgl. | Kompagnistræde 11 | Tel. 33 11 60 98 | lafontaine.dk | Metro Gammel Strand | Indre By | b3*

25 5E MANDAGSKLUBBEN

Die Woche geht gut los: Jazz am Montag: Drei bis sechs Bands jammen und swingen beim öffentlich und privat unterstützten Montagsclub. In einem alten Stall im Ex-Meatdistrict Kødbyen wurde das simple Interieur kaum verändert. Etwa 150 Konzerte im Jahr auf harten Bänken oder in alten Sesseln sind der Beweis dafür, dass Kopenhagener nicht nur Geburtstagslieder lieben, sondern auch improvisierte Musik oder Elektro. Preiswertes Bier. *Mo ab 20 Uhr | Eintritt 100 DK | Slagtehusgade 5e | jazznearyou.com/copenhagen | Bus 23 Gasværksvej | Vesterbro | J7*

INSIDER-TIPP
Bis in die Puppen

26 AUSTRALIAN BAR

Vor allem am Freitag und Samstag steht in der Bar die jüngere Generation Schlange. Wer reingekommen ist, wird mit aktuellen Charthits beschallt. Donnerstags sind die Drinks sehr preiswert. *Tgl. | Vestergade 10 | abar.dk/kobenhavn | Metro Rådhuspladsen | Indre By | a3*

27 JAZZ CUP

Eine große Tasse Jazz bitte! Café, Plattenladen und eine Bühne passen locker rein. Am Wochenende treten lokale Jazzer auf. Familiäre Atmosphäre, kundiges Publikum. *Gothersgade 107 | Tel. 33 15 02 02 | jazzklubben.dk/jazzcup.asp | Metro Nørreport | Indre By | b2*

28 SOFIE KÆLDEREN

Der aufregendste Keller Christianshavns ist schön hell hergerichtet und am Tag ein cooles Restaurant. Am Abend wird das Souterrainlokal dann zum Musikclub und zur Bar. Weil der Besitzer gute Kontakte in die Jazzwelt hat und der Keller seit 50 Jahren eine bekannte Adresse für internationale Jazzer ist, haben die Konzerte hohes Niveau. Am Wochenende füllt sich ab 22 Uhr die Tanzfläche. *Overgaden oven*

Sieht aus wie eine Autowerkstatt, ist aber eine angesagte Bierbar auf Refshaleøen

Große Auftritte, kleine Konzerte, Bar und Club – im Vega stimmt alles

Vandet 32 | sofiekaelderen.dk | Metro Christianshavn | Indre By | c4

29 HUSET ★

An jedem Abend werden Live-Events geboten – insgesamt 1500 im Jahr. Huset ist seit 1970 das öffentliche Kulturwohnzimmer der Innenstadt und alles in einem: Café, französisches Bistro, Kino, Bühne. Viele ehrenamtiliche Mitarbeiter sind hier am Werk, die Preise moderat. Wundervoll ist das *Bastard Café*, in dem sich Locals für Brett- und Gesellschaftsspiele treffen. Die Lage am kleinen Brunnen Vandkunsten, an dem auch das Downtown Hostel (preiswerte Mahlzeiten) liegt, sorgt für jede Menge junge, internationale Aktivität auch auf der Straße. *Bastard Café tgl. 12–24 Uhr, Restaurant Mi–Sa 17–22 Uhr | Rådhusstræde 13 | Tel. 33 73 06 20 | huset.kk.dk | Metro Rådhuspladsen | Indre By | b3*

INSIDER-TIPP
Mensch, ärgere dich nicht

30 JAZZHUS MONTMARTRE ★

Magnet für internationale Stars der Jazzszene. Am frühen Abend *(Do–Sa)* gibt es ein italienisch angehauchtes Menü. Sind alles satt, heißt es: Jazz! 2023 zeitweise wegen Renovierung geschl. *So/Mo geschl. | Store Regnesgade 19a | Tel. 31 72 34 94 | jazzhusmontmartre.dk | Metro Kongens Nytorv | Indre By | c2*

31 KULTURHUSET ISLANDS BRYGGE

Kulturhaus mit phantastischer Lage am Wasser: Tagsüber läuft ein buntes Programm aus Theater, Yoga und Workshops, am Abend öffnet die Konzertbühne für Bands der unterschiedlichsten Stilrichtungen. *Tgl. 9–22 Uhr | Islands Brygge 18 | Tel. 33 66 47 00 | kulturhusetislandsbrygge.kk.dk | Bus*

250S Kigkurren | Metro Islands Brygge | Indre By | L8

32 VEGA ★

Stimmung, Sound, Surrounding – hier stimmt einfach alles! Auch architektonisch ein Hingucker, mit Mahagonifußboden und dunklen Holzwänden. Im *Store Vega* (2300 Plätze) treten internationale Stars auf; im intimeren *Lille Vega* (500 Plätze) kommen Newcomer und Aufsteiger mit Beats von Electro bis Hip-Hop auf die Bühne. Nach dem Konzert geht es zum Abtanzen in die *Ideal Bar* – mit Livemusik oder Line-ups bekannter DJs. *Enghavevej 40 | Tel. 33 25 70 11 | vega.dk | Metro Enghave Plads | Vesterbro | H8*

33 LOPPEN

Auf der Bühne des Freistaats Christiania spielen nationale und internationale Bands Indie, Rock, Hip-Hop, meist gut tanzbar. Am Wochenende geht es nach den Konzerten weiter mit der Nachtdisko. Der Klub ist basisdemokratisch organisiert und arbeitet viel mit Freiwilligen, was die Getränkepreise bezahlbar macht. *Di–Sa 17–22 Uhr | Sydområdet 4b | Tel. 32 57 84 22 | loppen.dk | Metro Christianshavn | Indre By | d4*

34 MOJO BLUES BAR

Tempel des Blues in der Kulturszene um die Straße Vandkunsten. Blues, Bluegrass, Bluesrock live, und das an jedem Tag. Da die Musikkneipe nicht gerade groß ist, geht es meistens eng und gemütlich zu. Nach dem Konzert übernimmt ein DJ, und du kannst die Nacht durchtanzen. *So–Fr 20–5 Uhr | Løngangstræde 21c | Tel. 33 11 64 53 | mojo.dk | Bus 14 Stormbroen | Indre By | b3*

35 PUMPEHUSET

Mittelgroßer Konzertclub mit zwei Bühnen, in dem einheimische und internationale Pop- und Jazzbands auftreten. Postindustrielles Ambiente, da hier im 19. Jh. das Trinkwasser gepumpt wurde. *Studiestræde 52 | Tel. 33 93 19 60 | pumpehuset.dk | Metro Rådhuspladsen | Indre By | a3*

36 RUST

INSIDER-TIPP
Für Nachteulen

Auf drei Etagen verteilen sich im Tanztempel in Nørrebro Bühne, Bars und Tanzflächen. Im Nachtklub (Fr/Sa) wird meist Techno, gelegentlich auch aktueller Rock und Pop gespielt *(Do–Sa 21–5 Uhr)*. Mindestens einmal im Monat findet ein Konzert ab 24 Uhr statt *(ab 110 DKK). Guldbergsgade 8 | Tel. 35 24 52 00 | rust.dk | Bus 1A Sankt Hans Torv | Indre By | J4*

AKTIV & ENTSPANNT

Wo schon der Vorplatz zur Bühne wird: die Terrasse vorm Schauspielhaus

SPORT, SPASS & WELLNESS

STRANDLEBEN

Die Insel Amager hat einen 2 km langen Strand bekommen, sogar mit Lagune. Die ganze Küste ist gut designt und wird ständig erweitert. Du kannst ein Segway mieten *(350 DKK/Stunde | copenhagensegway.dk)*, joggen und radeln, Basketball spielen und natürlich auch baden, besonders reizvoll am *Kastrup Søbad (Eintritt frei | Amager Strandvej 301 | Metro Femøren | 0)*, mit tollem Blick auf den Sund und einen Badesteg, der sich zu einer schneckenförmigen hölzernen Skulptur ausdehnt.

Auch in der City gibt's Sand zwischen die Zehen: Der *Svanemølle Strand (S-Bahn Svanemøllen | 0)* beim Nordhavn ist ganzjährig geöffnet.

BOOTSTOUREN

Geduckt unter den flachen Brücken von Christianhavn, vorbei an der Oper und Christiania bis nach Refshaleøen oder südlich nach Sluseholmen: *Hey Captain (450 DKK/2 Std. inkl. Getränk | Ofelia Plads | heycaptain.dk | N5)* schippert in viel kleineren Booten und kleinerer Runde als die großen Kähne von *Grand Canal Tours (109 DKK/Std. | Nyhavn | stromma.dk | M5)* durch Grachten und Hafen. In den zwei Stunden lernst du die Stadt, den Käptn und die Mitreisenden kennen. Dein Instagram-Account wird brummen.

HAFENTOUR

Selbst beim Kurzurlaub ist eine ganztägige Hafenumrundung das tollste Erlebnis. Beim Flanieren, im Laufschritt oder auf dem Fahrrad, auf der ausgeschilderten ★ *Harbour Circle Tour (short.travel/kop13 – mit Karte)* kommst du gut in die Gänge und sammelst tolle Fotomotive. Immer am Kai entlang, erschließen sich Kopenhagens Uferfronten aus verschiedenen Perspektiven – mit Aussichten auf

Am Sortedams Sø: Lass uns ne Runde an den drei Seen drehn

Stadt, Hafen und Brücken! Starte in Nyhavn, passiere die Inderhavnsbroen *(🕮 M–N6)*, und orientiere dich nach Süden bis Sluseholmen *(🕮 0)*. Dank der fünf Fahrrad- und Fußgängerbrücken, darunter die poetische Cirkelbroen *(🕮 L–M7)* und die spektakuläre Cykelslangen *(🕮 K8)*, bist du immer in Wassernähe – je nach Lust und Laune 13, 7, 4 oder 2 km lang.

JOGGEN

Die beliebteste Joggingstrecke führt am Westufer der Stadtseen Sankt Jørgens Sø, Peblinge Sø und Sortedams Sø *(🕮 J–L 3–6)* entlang – Vorsicht, wenn die Schwäne Junge haben!

WASSERSPORT

Auch die Innenstadt ist nah am Wasser gebaut. Drei Bäder im Hafenkanal *(Juni–Ende Aug. | Eintritt frei | svoemkbh.kk.dk/havnebade)* laden zum Sprung ins saubere Hafenwasser ein: das Bad bei den Südhafen-Immobilien von Sluseholmen, direkt am Metropol-Haus *(Ben Webster Vej 69 | Hafenbus Teglholmen | 🕮 0)*, ein weiteres auf der Rückseite des Einkaufszentrums *Fisketorvet (S-Bahn Dybbølsbro | 🕮 J8)*, und in Sichtweite davon das *Islands Brygge (Islands Brygge 14 | Metro Islands Brygge | 🕮 L7)* mit riesiger Wiese und spektakulärem Sprungturm, einer Holzpyramide.

Auf der anderen Hafenseite gestaltete derselbe Architekt die wellenförmig geschwungene Uferpromenade *Kalvebod Bølge*. Dort kannst du dir im Sommer ein Zweierkajak kostenlos ausleihen, wenn du während des Paddelns Plastik und Müll von der Wasseroberfläche sammelst *(kayakrepublic.dk | 🕮 L7)*.

INSIDER-TIPP
Umweltschutz im Kajak

FESTE & EVENTS

FEBRUAR

Vinterjazz: Kopenhagen jazzt: 600 Konzerte in Clubs und Pubs. *jazz.dk*

APRIL

Geburtstag von Margrethe II. am 16. April: Die Königin winkt vom Balkon des Schlosses Amalienborg ihrem Volk zu. *kongehuset.dk*

MAI/JUNI

Pinsekarneval: Zu Pfingsten wird ausgelassen eine Art Karneval der Kulturen gefeiert. Durch die Stadt ziehen Karnevalszüge, im Fælledparken und im Kongens Have gibt es Rock, Blues und Jazz. *cphcarnival.dk*

Ølfestival København: 800 Biersorten in drei Tagen. Das Motto heißt: Probieren und mit Bus und Bahn fahren! Solange das Gelände der Carlsberg-Brauerei eine Baustelle ist, wird in der Lokomotivværkstedet in Vesterbro gefeiert. *ølfestival.dk*

Wonderful Copenhagen Marathon: Bis zu 5000 Läufer versammeln sich jedes Jahr im Mai am Start des Traditionsmarathons. Er führt durch das Zentrum und die Brückenviertel. *copenhagenmarathon.dk*

JUNI/JULI

Roskilde-Festival: Eine europäische Institution. Um die 200 Bands und Solisten rocken vier Tage lang in der nahen Domstadt. *roskilde-festival.dk*

Sankt Hans Aften: Am 23. Juni feiern Dänen die Mittsommernacht. In den Parks, am Strand und auf Holmen wird am Feuer gesungen und reichlich getrunken.

Freitagsrock: Jeden Freitag um 22 Uhr gastieren im Tivoli dänische und internationale Rockbands. *fredagsrock.dk*

Copenhagen Jazzfestival: Die Stadt ist zehn Tage lang im Jazzfieber – 1500 Konzerte vor über 250 000 Zu-

Spürst du den Groove? Zehn Sommertage geht's beim Jazzfestival hoch her

schauern. Auf Plätzen, in Parks und in Clubs spielen die Stars der skandinavischen Jazzszene zusammen mit US-Musikern. An den Nachwuchs wird auch gedacht: Es gibt jeden Tag Veranstaltungen für Kinder. *jazz.dk*

INSIDER-TIPP
Kids und Jazz? Na klar!

AUGUST/SEPTEMBER

Copenhagen Food Festival: Ende August geht es überall in der Stadt nur ums Essen; auch draußen wird reichlich getafelt. *copenhagencooking.dk*

Stella Polaris: größtes Picknickfestival Europas für elektronische Downtempo-Musik – tolle Szenen im Park Frederiksberg Have. *stella-polaris.dk*

Copenhagen Pride Parade: Eine Woche im August ist ganz Kopenhagen schwul, lesbisch usw. – die Rechte der LGBTQI+-Gemeinde werden von allen gefeiert. Am Wochenende ziehen Zehntausende karnevalesk durch die Innenstadt. *copenhagenpride.dk*

Golden Days Festival: Konzerte, Kunst, Ballett und Theater erinnern an das Goldene Zeitalter Dänemarks (1800–50). *goldendays.dk*

OKTOBER

Kulturnacht: Museen, Theater, Kirchen, Galerien und Kinos bleiben die ganze Nacht geöffnet. *kulturnatten.dk*

NOVEMBER/DEZEMBER

Weihnachtsmarkt: In Kopenhagen werden die Einkaufsmeile und Vorortplätze geschmückt und Weihnachtsmärkte in der City aufgebaut. Am Samstag vor dem 1. Advent ziehen Dutzende von Weihnachtsmännern durch die Strøget. Besonders kreativ ist der einwöchige Markt ab 8. Dez. in Christiania. *visitcopenhagen.com/copenhagenchristmas*

SCHÖNER SCHLAFEN

KOPENHAGENS GRÖSSTES WASSERBETT

Dein Bett steht auf Schiffsplanken, die Kajüte hat ein deckenhohes Panoramafenster mit großartigem Blick auf den Innenhafen, in den Schlaf wiegt dich ein leises Plätschern. Frühstück gibt's auf dem Sonnendeck. Nein, du hast keine Kopenhagenkreuzfahrt gebucht, sondern das schwimmende Hotel *CPHLIVING (12 Zi. | Langebrogade 1A | Tel. 61608546 | cphliving.com | Bus 12 Langebro | Metro Christianshavn | €€ | Indre By | 📖 L7)*. Der ehemalige deutsche Lastkahn ohne Motor liegt am Kai nahe der Brücke Langebro.

MÄRCHENHAFTE PRACHT

Wenn du mal in einem klassischen Grand Hotel wohnen willst, dann geh auf den Prachtplatz Kongens Nytorv. Unübersehbar thront dort das elegante *D'Angleterre (90 Zi. und Suiten | Kongens Nytorv 34 | Tel. 33120095 | dangleterre.com | Metro Kongens Nytorv | €€€ | Indre By | 📖 M5)*. Stolze 265 Jahre alt, hat es natürlich inzwischen ein zeitgenössisches Facelift bekommen. Drinnen empfängt dich viel Stuck, ein Ballsaal, Champagnerbar, Toprestaurant und bis zu 400 m² große royale Suiten. Und wer nicht das nötige Kleingeld hat, in diesem Luxushotel zu wohnen, kann zur Adventszeit immerhin die funkelnde Fassade bewundern und davor auf Schlittschuhen Kreise ziehen.

HIMMELSTÜRMENDES DESIGN

In Ørestad erfindet sich Kopenhagen neu. Das 76,5 m hohe *AC Hotel Bella Sky Copenhagen (814 Zi. | Center Boulevard 5 | Tel. 32473000 | short.travel/kop14 | Metro Bella Center | €€ | Amager Vest | 📖 0)* ist quasi sein Leuchtturm. Der spektakuläre Bau wird wegen seiner oben auseinander fliehenden Türme auch die „Schiefen

Schwimmende Wasserbettenburg: In den Schlaf wiegen dich die Wellen

Türme von København" genannt. Eine Brücke im 23. Stock hält die Gebäudeteile zusammen. Die weiße Alu-Fassade ist unregelmäßig mit Fensterdreiecken verpixelt, was den mit Designermobiliar bestückten Zimmern eine schräge Unruhe verleiht. Nachhaltigkeit ist Hotelpolitik, seit im angeschlossenen Bella Center 2009 der UN-Klimagipfel stattfand. Inzwischen wurden schon Bienen aufs Dach gesiedelt. Und es gibt andere kreative Ideen: ein Stockwerk ist nur für Frauen reserviert.

URLAUBS-WG

Lust auf eine große Wohngemeinschaft von Travellern, die einfach nur eine super Matratze, Monsoondusche und flottes WLAN wollen? Dann check im neuen *CitizenM Rådhuspladsen (238 Zi. | H.C. Andersens Boulevard 12 | citizenm.com | Metro København H (Hovedbanegård) | €€ | Indre By | K6)* ein. Die Zimmer sind kompakt und ohne Schnickschnack, die Lounge ganz oben (wegen der Aussicht) erinnert an ein riesiges WG-Wohnzimmer, aber ohne Chaos und Stress, dafür mit Büchern und warmfarbiger Lümmel-Gemütlichkeit. Du kannst nur online einchecken, auch vor Ort.

CHAMBRE SEPARÉE

Intimer gehts nicht: ein Doppelzimmer, hoch über einem Café, versteckt in der bürgerlichen Fassadenwelt zwischen Vesterbro und Frederiksberg. Im *Central Hotel og Café (Tullingsgade 1 | Tel. 33 21 00 95 | centralhotelogcafe.dk | Bus 9A Værnedamsvej) | €€€ | Indre By | H7)* können wirklich nur zwei Leute übernachten. Dein Zimmer ist eine Art Dachapartment, urgemütlich mit viel Holz und Fensterbänken zum Draufsitzen und Runterschauen. Der Flachbildschirm ist schön versteckt, die Dusche klein, der Kaffee toll.

ERLEBNIS TOUREN

Lust, die einzigartigen Facetten der Stadt zu entdecken? Dann sind die Erlebnistouren genau das Richtige für dich! Ganz einfach wird es mit der MARCO POLO Touren-App: Die Tour über den QR-Code aufs Smartphone laden – und auch offline die perfekte Orientierung haben.

Schau mir in die Augen, Großer: Wachablösung am Schloss Amalienborg

Einfach QR-Code scannen und alle Karten & Infos zu unseren Touren auch unterwegs parat haben!

go.marcopolo.de/kop

DIE ERLEBNISTOUREN IM ÜBERBLICK

Hellerup
Stubben
Øresund
Trekroner
Lynetten
Refshaleøen
Prøvesten
Ryvangs Allé
Strandvejen
Strandvænget
Kalkbrænderihavnsgade
Strandboulevarden
Hans Knudsens Plads
Lyngbyvej
Jagtvej
Fælled
Østerbro
Parken
Nørre Allé
Vej
Østerbrogade
Blegdamsvej
Søgade
Farimagsgade
Grønningen
Kopenhagen perfekt im Überblick
Von der Küste zur Kultur
Østre Anlæg
Øster Voldgade
Botanisk Have
Øster
Nørrebrogade
Nørre Farimagsgade
Gothersgade
Bredgade
Shoppen auf Abwegen und ans andere Ufer
Kongens Nytorf
Christianshavn
Stadsgraven
Tivoli
Christians Brygge
Vermlandsgade
Amager Boulevard
Amagerbrogade
Kalvebod Brygge
Amager Fælledvej
Amagerbro
Sundbyøster

1 KOPENHAGEN PERFEKT IM ÜBERBLICK

- Am Kanal die Zeit vertrödeln und die Royals besuchen
- Im Liegestuhl lümmeln und mit dem Hafenbus schippern
- Kopenhagen von oben sehen und ganz hyggelig werden

Rådhuspladsen — Hviids Vinstue

12 km — 1 Tag, reine Gehzeit 2 Stunden

Kosten: Citypass Small für 4 Zonen/24 Std. 80 DKK
Der Hafenbus fährt täglich in beide Richtungen alle 30 Minuten.

1 Rådhuspladsen
2 Strøget
3 Amagertorv
4 Café Europa
5 Kongens Nytorv
6 Nyhavn

SHOPPEN UND SCHAUEN

Am 1 Rådhuspladsen ➤ S. 31 folgst du dem Strom der Passanten, der in die Haupteinkaufsmeile Kopenhagens, die Fußgängerzone 2 Strøget ➤ S. 32 mündet. Auf der Hauptbühne für Flaneure, dem 3 Amagertorv ➤ S. 33 machst du einen Stopp beim 4 Café Europa ➤ S. 71. Es bietet dir einen hervorragenden Blick auf vorbeilaufende Passanten und den Storchenbrunnen.

AM KANAL TRÄUMEN UND BEI DER KÖNIGIN VORBEISCHAUEN

Die Strøget endet am 5 Kongens Nytorv ➤ S. 44 *Du umrundest den Platz im Uhrzeigersinn* und passierst Kopenhagens Edelhotel D'Angleterre ➤ S. 106. Am Vormittag ist es noch ziemlich ruhig am Stichkanal 6 Nyhavn ➤ S. 45 Eine gute Gelegenheit, sich auf die Kaimauer zu setzen und die Beine über dem Wasser baumeln zu lassen. Verträum aber nicht die Zeit! Denn um 12 Uhr heißt es auf dem Schlossplatz: „Stillgestanden zur Wachablösung!" *Am Kanal geht es entlang bis zur ersten Querstraße und dann links ab in die Toldbosgade.* Nach gut 200 m öffnet sich links der Amalien-

borg Slotsplads. Die vier Palais von ❼ **Amalienborg Slot ➤ S. 46** wirken eher bescheiden – obwohl hier die Königin wohnt.

❼ **Amalienborg Slot**

ABSTECHER ZUR KLEINEN MEERJUNGFRAU

Während der Wachablösung ist Zeit für einen Fototermin. *Danach spazierst du am Ufer entlang Richtung Norden,* vorbei an alten Speichern, die umgebaut wurden zu Apartments und Büros, und *folgst der Promenade Langelinie*. Die ❽ **Kleine Meerjungfrau ➤ S. 48** kannst du zwar übersehen – denn sie ist wirklich klein –, aber nicht verfehlen. Wo Menschen aus aller Herren

❽ **Kleine Meerjungfrau**

Länder Handys in die Höhe strecken und auf Felsen balancieren, sitzt Dänemarks begehrtestes Model.

ALLERLEI PERSPEKTIVEN

9 Nordre Toldbod

Bevor es 400 m südlich am Pier 9 **Nordre Toldbod** mit der Hafenfähre *(havnebus)* weitergeht, lockt ein Blick auf das Brunnenspektakel **Gefionspringvandet** nebenan – direkt südlich des Kastells. Am Pier legen auch Kreuzfahrtschiffe an. Nächste Perspektive: Vom Pier heben **Seaplanes** *(seaplanes.dk | 697 DKK)* 500 m hoch über City und Sund ab.

INSIDER-TIPP
Luftiger Seitensprung

KOPENHAGEN VOM WASSER AUS

Der havnebus 991 schippert dich zurück ins Zentrum; immer die Skyline mit den architektonischen Highlights vor Augen: einerseits Opernhaus ➤ S. 96, 42, dazu ab 2023/2024 Opernpark und Wasserkulturtempel, andererseits das Schauspielhaus ➤ S. 96, voraus der Schwarze Diamant ➤ S. 36. Bei den gläsernen Regierungsgebäuden *geht es am Anleger „Knippelsbro" von Bord, unter der Brücke hindurch, dann eine Treppe hinauf.* Nun stehst du mitten im Stadtteil 10 **Christianshavn ➤ S. 40.** *Der Torvegade stadtauswärts folgend, überquerst du den Christianshavns Kanal.*

10 Christianshavn

BIOEIS SCHLECKEN UND VOM RUNDEN TURM RUNTERSCHAUEN

Mit der Metro Richtung Vanløse geht es weiter zwei Stationen bis Nørreport. Dort passierst du die Nørre Voldgade und gehst in die Fußgängerzone, die Frederiksborggade und die Købmagergade. In Nummer 58 locken bei 11 **Paradis Is ➤ S. 90** bunte Eiskugeln in täglich frischer Bioqualität – auf die Hand oder im Becher, dann weiter zum 12 **Rundetårn ➤ S. 39** mit einem grandiosen Blick über die Stadt.

11 Paradis Is

12 Rundetårn

ERST ROSENDUFT, DANN PICKNICK IM PARK

Am Fuß des Turms *geht es die Landemærket bis zur Gothersgade lang,* immer dem Blumenduft nach und vorbei am königlichen Floristen Bering Flowers ➤ S. 88, bis zum Eingang des Parks Kongens Have mit dem 13 **Rosenborg**

13 Rosenborg Slot

Slot ➤ S. 49. Wer die königlichen Gemächer anschauen will, muss sich beeilen: Das Schloss schließt im Sommer um 17 Uhr, sonst sogar noch früher seine Pforten. Lust auf ein Picknick? Im ⑭ Kongens Have ➤ S. 51 findest du bestimmt ein schönes Plätzchen auf der Wiese.

⑭ Kongens Have

HIER WIRD'S HYGGELIG

Durstig? *Dann lauf die Gothersgade zurück zum Kongens Nytorv.* An der Ecke zur Lille Kongensgade tischt Kopenhagens älteste Weinstube ⑮ Hviids Vinstue ➤ S. 100 auch *øl* und *smørrebrød* auf. Und im Laufe des Abends wird es hier so richtig *hyggelig* (gemütlich).

⑮ Hviids Vinstue

② SHOPPEN AUF ABWEGEN UND ANS ANDERE UFER

- ➤ Kleine Läden und Boutiquen entdecken, danach: Teatime!
- ➤ Mit der Hafenfähre auf die Halbinsel Holmen cruisen
- ➤ Schwindelerregend: Christiania und die Himmelstreppe

Rådhuspladsen — Café Wilder

5,5 km — 4 Stunden, reine Gehzeit 1 Stunde

Das Einzelticket für die Hafenfähre *(havnebus)* kostet 26 DKK.
Fotografieren ist in Christiania rund um die Pusher Street unerwünscht!

EINKAUFSBUMMEL ABSEITS DES MAINSTREAMS

Am ① Rådhuspladsen ➤ S. 31 orientierst du dich am Verlagshaus „Politiken". In der Vestergade gibt es noch Einzelhandel im besten Sinne – wie bei ② Lædersmeden *(Vestergade 15)* mit seiner riesigen Auswahl an handgearbeiteten Lederstiefeln, Taschen, Jacken und Gürteln. Daneben verkauft ③ Tone Barker Silk *(Vestergade 11)* Bekleidung aus Seide. *Am Gammeltorv ange-*

① Rådhuspladsen

② Lædersmeden

③ Tone Barker Silk

kommen, gehst du die Nørregade – vorbei an der Vor Frue Kirke ➤ S. 38 – zum alten Universitätsgebäude. Entlang der Fiolstræde erstreckt sich die Fassade der nicht mehr zugänglichen Universitätsbibliothek, gegenüber lockt das Buchcafé **❹ Paludan Bog & Café ➤ S. 84** mit Lesestoff und Kuchen.

❹ Paludan Bog & Café

ANTIQUARIATE, ASIATISCHES UND EIN TÄSSCHEN TEE

❺ Fiolstræde

❻ Den kinesiske Butik

Die **❺ Fiolstræde** ist die Straße der Antiquariate. Folge ihr bis zur Gasse Rosengården. An der Ecke, in **❻ Den kinesiske Butik** *(Rosengården 13)*, gibt's Asiatisches, vom Kimono bis zum scharfen Gewürz. *Die Gasse Rosengården endet am Kultorvet. Diesen Platz verlässt du auf der Købmagergade.* An der Ecke, an der ein königlicher Hoflieferant seine Juwelen auslegt, geht es in die Kronprinsensgade. Dort werden auch Kaffeetrinker schwach und decken sich in **❼ Perch's Thehandel** *(Kronprinsensgade 5)* mit edlen Teesorten ein. Unsicher, ob der Tee dir auch wirklich schmeckt? Probier am besten vorher ein Tässchen im ersten Stock.

❼ Perch's Thehandel

INSIDER-TIPP
Erst kosten, dann kaufen

VOM NYHAVN ZUR HALBINSEL HOLMEN

Die Boutiquen in der 8 Kronprinsensgade sind etwas für Frauen mit Mut: extravagant und exklusiv. An der nächsten Kreuzung Bernikows Gade gibt es im 9 Casa Shop ➤ S. 86 Möbel und Lampen in dänischem Design. Was Schönes gefunden? *Folge der Store Regnegade bis zur Gothersgade. Bieg dann rechts ab und überquere die Store Kongensgade und die Bredgade* mit ihren noblen Galerien und Antikläden. Hier ist die sonnige Seite des 10 Nyhavn ➤ S. 45. Am Ende des Stichkanals fahren die *havnebusser* 991 (Richtung Süden) und 992 (Richtung Norden) auf die Halbinsel Holmen, die lange militärisches Sperrgebiet war. Erst Ende des 20. Jhs. wurden die Kasernen und Werften nördlich von Christianshavn ➤ S. 40 geräumt und zu schicken Apartments umgebaut.

8 Kronprinsensgade

9 Casa Shop

10 Nyhavn

SCHÖNE AUSSICHTEN: AUFS ANDERE UFER UND IN GESTYLTE WOHNUNGEN

Das Boot schippert eine Station bis zum Anleger Operaen 6. Dort genießt du in der Mittagssonne auf den Stufen vor der 11 Operaen ➤ S. 96, 42 den Blick auf die Kuppel der Marmorkirken ➤ S. 46 und auf Schloss Amalienborg ➤ S. 46. *Der Fußweg um das Operngebäude führt auf die Hauptstraße von Holmen, die Danneskjold-Samsøes Allé.* Auf der einen Straßenseite stehen restaurierte Marinebauten, gegenüber lassen sich Blicke durch bodentiefe Fenster in die modern gestylten Apartments der Bewohner erhaschen.

11 Operaen

VISIONÄR: VOM FREISTAAT ZUR FREITREPPE

Mit dem Bus geht es eine Station bis Bodenhoffs Plads. Nur wenige Meter weiter in Fahrtrichtung führt an einem bunten Graffitizaun ein Weg in den 12 Freistaat Christiania ➤ S. 40. Was einst als soziales Experiment begonnen hat, zeigt heute ein zwiespältiges Gesicht. Auf jeden Fall ist es spannend, durch die Straßen zu schlendern und sich selbst ein Bild davon zu machen, was von der Vision übriggeblieben ist. *Am Ende der Pusher Street* mit ihren Miniläden und Haschischständen weist ein Schild darauf hin, dass du wieder in der EU bist – auf der Prinsessegade. Dort ist der Aufstieg auf

12 Freistaat Christiania

⓭ Vor Frelsers Kirke

⓮ Café Wilder

den Turm der ⓭ Vor Frelsers Kirke ➤ S. 42 über die Außentreppe ein schwindelerregendes Erlebnis. Oben wirst du mit einem einzigartigen Ausblick belohnt. Wieder unten angekommen, *läufst du an der Kirche rechts in die St. Annæ Gade bis zur Ecke Wildersgade* und lässt die Tour im ⓮ Café Wilder *(tgl. | Wildersgade 56)* bei einem Mittagessen ausklingen.

❸ ALLTAG IM WESTEN

- ➤ **Durchs schicke, authentische und hippe Vesterbro bummeln**
- ➤ **Die Carlsberg-Brauerei besichtigen und Bier probieren**
- ➤ **Im früheren Schlachthofviertel Kødbyen Bioburger verputzen**

Start: Tivoli

Ziel: Bistro Bosch

Strecke: 7 km

Dauer: 5 Stunden, reine Gehzeit 2 Stunden

Info: Das Carlsberg-Gelände ist zurzeit eine Riesenbaustelle, bis 2023/24 entsteht hier quasi ein neues Viertel.

❶ Tivoli

❷ Vesterbro Torv

❸ Barbar Bar

STREIFZUG DURCH EIN LEBENDIGES VIERTEL

Die Tour beginnt vor dem ❶ Tivoli ➤ S. 30. Dem Vergnügungspark stattest du am besten abends einen Besuch ab. *Entlang der Vesterbrogade verlässt du das historische Kopenhagen stadtauswärts.* Nachdem linker Hand der Bahnhof passiert ist, verändert sich die Atmosphäre. Hier gibt sich das Königreich volksnah, multikulturell und höchst lebendig. Dass die Bewohner Vesterbros international sind, zeigt sich auch an den Auslagen der Läden und den Speisekarten der Restaurants. Den aktuellen Kopenhagener Alltag erlebst du dann auf dem ❷ Vesterbro Torv. Im Dreieck von drei Cafés treffen sich hier gern Anwohner nach dem Einkauf. Cappuccino und Sandwich schmecken besonders lecker in der ❸ Barbar Bar *(tgl. | Vesterbrogade 51).* Nur gut 100 m weiter stadtauswärts musst du unbe-

Keine Lust auf Laufen oder Fahrradfahren? Dann lass dich durch Vesterbro ziehen

dingt in den ❹ Flying Tiger *(Vesterbrogade 66)* reinschauen. In der superpreiswerten Designvariante eines 1-Euro-Ladens findest du tolle Mitbringsel, etwa einen schicken Bodum-Kaffeebereiter für schlappe 60 Kronen.

INSIDER-TIPP
Hol dir den Kick

❹ Flying Tiger

BEIM BERÜHMTEN BIERBRAUER

Dahinter zweigt rechts die Frederiksberg Allé ab. Teil der Kreuzung ist auch der ❺ Værnedamsvej ➤ S. 56. In dieser lukullischen Gasse schmeckt ein zweites Frühstück oder ein frühes Mittagessen im ❻ Café Viggo *(So geschl. | Værnedamsvej 15 | €€)*. Zurück auf der Vesterbrogade, dient nun ein Turm als Orientierungsmarke. Im ehemaligen Silo der Carlsberg-Brauerei sind heute Wohnungen untergebracht. *Nach etwa 500 m gehst du links in den Vesterfælledvej, dann rechts in die nächste Querstraße Ny Carlsberg Vej*, die direkt zum Elefantentor führt, dem Wahrzeichen der Brauerei. *Durch das Tor hindurch und links über die Valby Langgade, biegst du wieder links in den Gamle Carlsberg Vej 11 zum* ❼ Carlsberg Besøgscenter ➤ S. 56. Im Anschluss an die Führung (ab Sommer 2023) durch die Brauerei werden Biersorten zur Verkostung ausgeschenkt.

❺ Værnedamsvej

❻ Café Viggo

❼ Carlsberg Besøgscenter

WELTOFFEN: DIE ISTEDGADE

⑧ Istedgade

Zurück geht es *bis zur Kreuzung Ejderstedtgade; hier hältst du dich links* und spazierst durch den Park Enghave. Über den Enghave Plads erreichst du die ⑧ **Istedgade.** Sie verläuft schnurgrade zum Hauptbahnhof und ist die junge Multikultimeile in Vesterbro. Ob asiatisch, arabisch, türkisch, italienisch, hier gibt es alles. Angesagt ist das Café **Bang & Jensen ➤ S. 97** das im Gebäude einer ehemaligen Apotheke untergebracht ist. Ein paar Meter weiter *wechselst du die Straßenseite*. Lust auf ein Eis? An der Ecke Skybanegade bietet die **Gelateria** eine Vielzahl italienischer Eissorten.

ÖKOBURGER IN DER FLEISCHSTADT

⑨ Kødbyen

⑩ Bistro Bosch

Du näherst dich nun dem Bahnhofsviertel; *am Gasværksvej beginnt Kopenhagens Kiez.* An verruchte Zeiten erinnern noch Leuchtschriften der Table-Dance-Bars. Nur wenige Meter entfernt ist rund um die Øksnehallen am Halmtorvet das Viertel ⑨ **Kødbyen ➤ S. 56** entstanden. Die Schlachthäuser wurden in Restaurants, die Wohnkasernen der Arbeiter in schicke Eigentumswohnungen umgewandelt. *Du gehst den Gasværksvej bis zum Halmtorvet. Wo der Gasværksvej auf den Boulevard stößt,* beginnt Kødbyen – am Eingang bietet schon das ⑩ **Bistro Bosch ➤ S. 77** einen guten Eindruck vom Besuchermix der Ausgehszene Kødbyens.

4 VON DER KÜSTE ZUR KULTUR

- **Radeln mit Aussicht: vorbei an schönen Villen und am Meer**
- **Picknicken am Sandstrand und an der Designtankstelle rasten**
- **Durch Wiesen und Wälder zu Louisianas Kunsttempel am Ørseund**

Hauptbahnhof

Louisiana Museum für Moderne Kunst

40 km

6–8 Stunden, reine Fahrzeit 2 Stunden

Mitnehmen: Badesachen, Decke, Sonnencreme
Fahrräder kannst du bei Baisikeli ➤ S. 130 mieten. Der Akku von E-Bikes reicht in der Regel nicht für die Strecke! Nur für die Rückfahrt benötigst du ein Fahrradticket (Automat). Der Zug fährt alle 20 Minuten und braucht eine halbe Stunde zurück nach Kopenhagen.

MIT DER S-BAHN AN DIE OSTSEE

1 Hauptbahnhof
11 km
2 Charlottenlund

Am 1 Hauptbahnhof fährst du mit der S-Bahn-Linie C Richtung Klampenborg bis Charlottenlund. Fahrräder dürfen kostenlos in den dafür vorgesehenen Wagen transportiert werden. In 2 Charlottenlund *verlässt du*

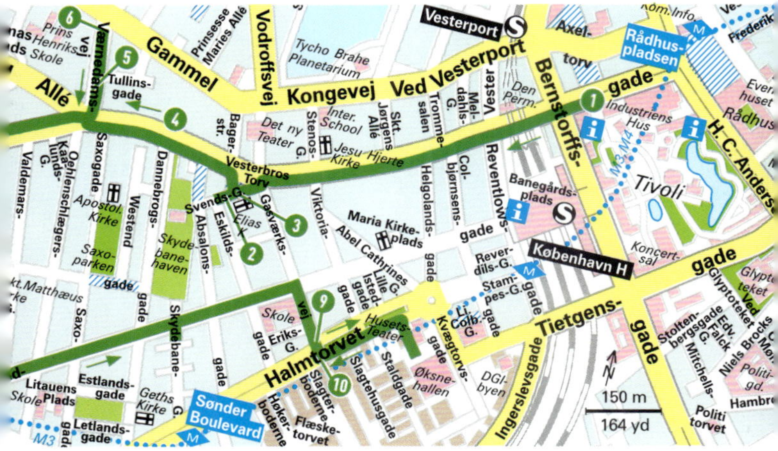

200 m

❸ Charlottenlund Slotspark

1.5 km

❹ Strandvej

1,3 km

❺ Skovshoved Havn

300 m

❻ Olivers Garage

1,9 km

❼ Bellevue Strandpark

14 km

den Bahnhof Richtung Rådhusvej und biegst in diesen rechts ein.

GRÜNE IDYLLE UND MEERESBLICKE

An der nächsten Kreuzung – im Supermarkt kannst du dich preiswert für ein Picknick am Strand eindecken – *fährst du rechts in die Jægersborg Alle, überquerst die Gleise* und tauchst ein in das Grün des ❸ **Charlottenlund Slotspark.** In der Ferne lugt zwischen den Baumwipfeln das weiße **Schloss Charlottenlund** hervor. Am Parkeingang angekommen, schiebst du das Rad durch den wunderschönen Schlosspark. *Die Zufahrt führt direkt an die Küste auf den vierspurigen Kystvejen*, der später zum ❹ **Strandvej** wird – ein Radweg mit Aussicht: Links reihen sich schöne Villen aneinander, rechts plätschert die Ostsee, in der Ferne zeichnet sich Schweden ab.

DESIGNKLASSIKER UND STRANDLEBEN

Nach 1 km erreichst du, *immer an der Ufermauer entlang*, den ❺ **Skovshoved Havn.** Am Segelhafen lockt eine Architekturperle, die 1936 von Arne Jacobsen entworfene **Skovshoved Tankstation.** Das runde Vordach von ❻ **Olivers Garage** erinnert in der Formgebung an die berühmten Stühle des dänischen Stardesigners. Heute kannst du dort Eis und Burger verputzen. Nach dem Ortsschild „Klampenborg" breitet sich der ❼ **Bellevue Strandpark** vor dir aus, mit feinem Sand, kinderfreundlich flachem Wasser und sanfter Brandung. Deinen Proviant

INSIDER-TIPP
Ökoeis von der Designtanke

Moderne Kunst im Louisiana Museum: Ausstellung mit Fotos von Andreas Gursky

kannst du nach einem Bad im Meer auf den vorgelagerten Wiesen auspacken. Auf der anderen Straßenseite ist noch ein Werk von Arne Jacobsen zu entdecken: die *Bellavista*-Siedlung mit ihren weißen Apartmenthäusern und dem Bellevue Teatret.

AUF ZU KAREN BLIXEN!

Nach der Pause heißt es *weiterradeln auf dem Strandvej*, der mal direkt an der Küste entlangführt, mal durch Kopenhagens Nobelvororte Skodsborg, Vedbæk und Rungsted. *Wenn rechter Hand der Yachthafen Rungsted erreicht ist, lockt gegenüber* die Einfahrt zum 8 Karen Blixen Museet ➤ S. 63. Blixen wurde mit dem Buch „Jenseits von Afrika" weltberühmt. Die original eingerichteten Wohn- und Arbeitsräume der Autorin (deutsch: Tania Blixen) vermitteln einen Eindruck vom letztendlich tragischen Liebesleben der Kaffeepflanzerin in Afrika und ihrem späteren Schicksal in Rungsted. Im 9 Café Karen Blixen *(Di–Do 11–20, Sa/So 11–17 Uhr)* kann das vertieft werden, bevor es *über den Strandvej weitergeht.*

8 Karen Blixen Museet

25 m

9 Café Karen Blixen

MODERNE KUNST UND SPAZIERGANG IM PARK

Endspurt: Jetzt liegen noch 11 km Wegstrecke vor dir. Nördlich von Rungstedt schlängelt sich der Radweg durch eine herrlich weite Landschaft voller Wiesen und Buchenwälder. Nach dem Ortsschild Humlebæk *geht es geradeaus durch den Ort*, links liegt der Bahnhof – hier steigst du später in den Zug nach Kopenhagen. *Nach 200 m biegt rechts der autofreie Amalievej ab. Gleich wieder nach links eingebogen*, führt der Louisevej direkt zum 10 Louisiana Museum für Moderne Kunst ➤ S. 63. Nach dem Kunsterlebnis und einem Spaziergang in der herrlichen Parklandschaft entspannst du vor der Rückfahrt mit Blick auf die Ostsee im Museumscafé.

11 km

10 Louisiana Museum for Moderne Kunst

GUT ZU WISSEN

DIE BASICS FÜR DEINEN STÄDTETRIP

ANKOMMEN

ANREISE

Autofahrer müssen sich in Hamburg entscheiden. Entweder wählst du den Landweg: auf der E 45 Richtung Norden, dann die E 20 über Fünen und schließlich die Storebælt-Brücke nach Kopenhagen. Oder den kürzeren Seeweg: E 22/E 47 bis Puttgarden, mit der Fähre (Vogelfluglinie) nach Rødby Havn (evtl. Wartezeit/keine Reservierung möglich, Fahrzeit 50 Min.), E 47 nach Kopenhagen. Wenn du aus dem Osten Deutschlands kommst, nimmst du die Fähre von Rostock/Warnemünde nach Gedser (Fahrzeit 2 Std.), dann E 55/E 47 nach Kopenhagen.

Bahnreisende können statt der eingestellten Vogelfluglinie nur noch die lange Strecke Strecke Flensburg–Kolding–Odense mit Großer-Belt-Querung bis Kopenhagen nutzen.

Es gibt viele Fernbus-Verbindungen von deutschen Städten nach Kopenhagen. Von Berlin dauert die Fahrt je nach Strecke knapp 8 bis 12 Stunden und kostet ab 40 Euro pro Strecke *(getbybus.com)*. Die meisten Fernbusse halten und starten in der Ingerslevsgade *(🕮 K7)* südlich des Hauptbahnhofs.

Der Flughafen Kopenhagen-Kastrup *(🕮 g4)* ist ganzjährig von vielen deutschen Städten zu erreichen. Direktflüge *(direktflug.de)* verschiedener Airlines ab 50 Euro starten etwa von Berlin, Düsseldorf, Frankfurt, Hamburg, München, Köln und Stuttgart. Bei allen Fluggesellschaften gilt: Wer früh bucht, fliegt auch preiswerter.

In die Innenstadt kommst du entweder mit der Metro M2, die alle 5 bis 10 Minuten bis zur zentral gelegenen Station Nørreport fährt, oder mit der S-Bahn (alle halbe Stunde, 36 DKK), die auch am Hauptbahnhof hält. Bei-

Stopp am Hafenkanal: Mit dem Fahrrad eroberst du Kopenhagen am besten

de Fahrten dauern ca. 15 Minuten. Ein Taxi ins Zentrum kostet ab 350 DKK.

KLIMA & REISEZEIT

Kopenhagen liegt am Meer, also kann sich das Wetter schnell ändern. In der Stadt weht immer ein Lüftchen. Der Wind macht das Halten eines Schirms mühsam, weshalb sich die Einheimischen eher auf Regenjacken verlassen – gehören also ins Gepäck. Beste Reisezeit ist Juni bis August. Dann versprechen die Meteorologen Durchschnittstemperaturen von 20 bis 22 Grad und den geringsten Niederschlag. Selten steigen im Sommer die Temperaturen auf über 30 Grad. Allerdings fällt im Hochsommer auch der meiste Regen. Die Winter in Kopenhagen können knackig kalt sein, doch mit Schal, Mütze und Handschuhen durch das vorweihnachtliche Kopenhagen zu schlendern ist märchenhaft schön.

MOBIL SEIN

AUTO

Tempolimit auf Autobahnen: 110 km/h, auf einigen darf man 130 km/h fahren, auf Landstraßen 80 km/h, in Ortschaften 50 km/h. Wer schneller fährt und erwischt wird, zahlt auf der Stelle bar oder mit Kreditkarte. Die Promillegrenze liegt bei 0,5. Ganzjährige Lichtpflicht! Parkplätze sind knapp. Das Zentrum ist in vier gebührenpflichtige Parkzonen unterteilt: Parkscheine gibt es am Parkomat. Falschparker zahlen 510 DKK. Die Kopenhagener Polizei schreibt rigoros auf! Mindesten 5 m von einer Abbiegung entfernt parken. In Frederiksberg gelten andere Regeln: In den meisten Straßen (nicht auf Gammel Kongevej u. a.) ist das kostenlose einmalige Parken für 2 Stunden mit Parkscheibe erlaubt. Lad dir die EasyPark

App aufs Smartphone, dann parkst du immer bargeldlos für die exakte Parkzeit. Kostenlos Parken darfst du von Samstag 17 bis Montag 8 Uhr. Weitere Infos: *short.travel/kop15*

FAHRRAD

Kopenhagen erleidet zwischenzeitlich eine Fahrradflaute! Seit Ende 2022 gibt es erst mal kein öffentliches City-bike-to-go mehr, weil dem Betreiber *Bycyklen* die Unterstützung durch die Kommunen Kopenhagen und Frederiksberg sowie die Staatsbahn DSB entzogen wurde. Bevor es also Ersatz gibt, hältst du dich an Verleihläden. *Baisikeli (6 Std. 50–300 DKK | Ingerslevsgade 80 | baisikeli.dk | Vesterbro | J8)* führt aufgepeppte und neue Räder. Mit dem Gewinn seines Ladens finanziert *Baisikeli* (Suaheli für Fahrrad!) Projekte in Ostafrika, verschickt Räder dorthin und baut sie für die dortigen Erfordernisse um.

INSIDER-TIPP
Radeln nachhaltig!

GRÜN & FAIR REISEN

Du willst beim Reisen deine CO_2-Bilanz im Hinterkopf behalten? Dann kannst du deine Emissionen kompensieren *(atmosfair.de; myclimate.org)*, deine Route umweltgerecht planen *(routerank.com)* oder auf Natur und Kultur *(gate-tourismus.de)* achten. Mehr über ökologischen Tourismus erfährst du hier: *oete.de* (europaweit); *germanwatch.org* (weltweit).

Ein sehr spezielles Radgeschäft gibt's in Christiania. *Christiania Bikes (Fabriksområdet 91 | christianiacykler.dk | Christianshavn | N6)*, das auch die berühmten Lastenräder und das *Pedersen Bike* baut, verleiht für 100 DKK (plus 50 DKK für den Extratag) preiswert; du kannst natürlich auch ein Lastenrad mieten – immer besser im Voraus buchen. Ein anderer Verleiher ist *Pedalathleten (Oslo Plads 9 | Insider By | rentable.dk | Frederiksstaden | M3)*.

In allen S-Bahnen in Kopenhagen und Umgebung darf ein Fahrrad ganztägig kostenlos mitgenommen werden. Ausgeschlossen ist lediglich das Aussteigen zu Stoßzeiten am Bahnhof Nørreport Station.

Für die Fahrradmitnahme in der Metro muss ein Zusatzticket erworben werden. Keine Mitnahme während der Stoßzeiten. Die Øresundbrücke ist für Radreisende gesperrt. Eine Mitnahme ist aber im Øresundzug von Kopenhagen nach Malmö möglich – für den Preis eines Kindertickets.

ÖFFENTLICHE VERKEHRSMITTEL

Nutz den guten öffentlichen Nahverkehr – dazu zählt auch der Hafenfährenservice *havnebus* im Innenhafen. Die S-Bahn deckt Stadt und Umland ab. Die vollautomatische Metro fährt alle paar Minuten und hat seit dem letzten Ausbau vier Linien. Derzeit 39 Stationen (fünf weitere im Bau) liefern bereits eine so gute Abdeckung, dass Busfahren fast umständlich wirkt. Bislang kannst du an sieben Stationen in die S-Bahn

umsteigen. Die Metrofahrt vom Flughafen zum Hauptbahnhof dauert 16 Minuten.
Fahrpreise berechnen sich nach Tarifzonen – oft kommst du mit dem preiswertesten Ticket für zwei Zonen *(24 DKK)* aus. Fahrkarten kaufst du an Bahnhöfen, Metrostationen und 7-Eleven-Kiosken. Oder du lädst dir die App *DOT Billetter* aufs Handy, über die du auch diverse Citypässe (ab 4 Zonen) kaufen kannst. Ein *City Pass Small* z. B. deckt 4 Zonen bis einschließlich Dragør ab und kostet für 1 Tag 80 DKK. *dinoffentligetransport.dk*

TAXI
Freie Wagen sind an dem grünen Display mit der Aufschrift FRI zu erkennen. Die lizenzierten Taxiunternehmen haben festgelegte Preise. Die Grundgebühr am Tag beträgt 39 DKK, der Kilometerpreis kostet 8,50 DKK.

VOR ORT

AUSKUNFT
Im *Copenhagen Visitor Centre (Vesterbrogade 4a | Tel. 70 22 24 42 | visitcopenhagen.de | ◫ K6)* beim Hauptbahnhof bist du in Sachen Infos und Buchungen bestens aufgehoben. Auch die Website ist ausgesprochen hilfreich. Die gewonnenen Erkenntnisse kannst du beim angeschlossenen Konditor versüßen.

BADEN
Kopenhagen ist zwar kein Badeziel, die drei Hafenbäder (Zentrum und Sluseholmen), der *Amager Strandpark* und *Kastrup Søbad (Metro-Haltestelle Femøren)* bieten trotzdem genügend Anreiz, Badezeug einzupacken. Auch der kleine *Svanemølle Strand* beim Nordhavn ist geeignet für die Abkühlung im Meer. Kopenhagens Hafenwasser wird täglich auf seine Sauberkeit überprüft.

COPENHAGEN CARD
Die *Copenhagen Card* gilt 24 Stunden *(60 Euro)*, 48 Stunden *(88 Euro)*, 72 Stunden *(108 Euro)* oder 120 Stunden *(142 Euro)* und erlaubt freien Eintritt in 89 Museen und Sehenswürdigkeiten sowie freie Fahrt mit allen öffentlichen Verkehrsmitteln. Du bekommst sie in Hotels, am Bahnhof, bei der Touristinformation und am Flughafen. Ob sie sich für dich lohnt, kannst du auf der Website kalkulieren. *copenhagencard.com*

FEIERTAGE

1. Jan.	*Nytårsdag* (Neujahr)
März/April	*Skærtorsdag* (Gründonnerstag); *Langfredag* (Karfreitag); 1. und 2. Ostertag
1. Mai	Tag der Arbeit
Mai/Juni	*Himmelfartsdag* *Pinse* (Pfingstsonntag und -montag)
5. Juni	*Grundlovsdag* (Verfassungstag)
25./26. Dez.	*Første* und *Anden Juledag* (1. und 2. Weihnachtsfeiertag)

GELD & WÄHRUNG
Das Leben in Kopenhagen ist kostspielig. Im europäischen Städtevergleich konkurriert die dänische Hauptstadt mit Oslo und Paris um den

Nicht zu übersehen: die knallroten Briefkästen vor der Marmorkirken

Platz auf dem Siegerpodest als teuerstes Pflaster.

Offizielles Zahlungsmittel ist die dänische Krone (DKK), der stabile Umrechnungskurs beträgt in etwa 1:7,4.

Öffnungszeiten von Banken: Mo–Mi und Fr 10–16, Do 10–18 Uhr. Gegen eine Gebühr kann mit der EC- oder Kreditkarte an zahlreichen Geldautomaten Bares abgehoben werden. Es ist billiger, in Kopenhagen mit der Debit- oder Kreditkarte zu bezahlen, als bereits in Deutschland Kronen zu tauschen. Dänen zahlen jeden noch so kleinen Betrag mit ihrer Karte, was natürlich auch für dich eine Option ist. Da das Internet schnell ist, reduziert die App MobilPay den Zahlungsvorgang auf Sekundenbruchteile.

HUNDE

Die Dänen sind prinzipiell ein hundefreundliches Volk. Grundsätzlich gilt: Wer mit seinem Hund nach Dänemark reist, muss ihn gegen Tollwut impfen lassen. In Kopenhagen gehört der Hund überall an die Leine– auch in Parks. Am Strand muss er im Sommer angeleint werden (April–Sept.). Wollen Frauchen und Herrchen in den Vergnügungspark Tivoli, muss der Hund draußen bleiben. Nur in wenigen Cafés und Restaurants ist es erlaubt, dass der vierbeinige Freund unter den Tisch darf, ansonsten gilt in Lokalen generell: Hunde verboten! In Bussen muss für den Hund ein Kinderfahrschein gelöst werden, sofern er nicht so klein ist, dass er in eine Tasche passt.

ÖFFNUNGSZEITEN

Die meisten Läden haben wie folgt geöffnet: *Mo–Mi 10–18 oder 19 Uhr, Do/Fr 10–20 Uhr, Sa 10–13 oder 14 Uhr.* Restaurants sind meist von 11 bis 15 Uhr für die *frokost* geöffnet. In Kopenhagen wird früh zu Abend gegessen: *Middag* wird ab 18 oder 19 Uhr serviert, die Küche schließt in der Regel schon gegen 22 Uhr.

POST

Es gibt zwei zentral gelegene Postämter: Eins ist am Hauptbahnhof *(Mo–Fr 8–21, Sa 9–16, So 10–16 Uhr | 📖 K7)*, das andere in der City *(Købmagergade 33 | Mo–Fr 10–18, Sa 10–14 Uhr | 📖 L5)*.

Das Porto für einen Brief oder eine Karte beträgt 66 DKK. Achtung, die Post ist sehr lange unterwegs.

RAUCHEN

Wie in den meisten europäischen Ländern treffen sich Raucher vor der Tür. In sämtlichen öffentlichen Gebäuden, Restaurants, Diskotheken und Kneipen darf nicht geraucht werden. Ausgenommen sind kleine Nachbarschaftskneipen, die kein Essen servieren.

SICHERHEIT

In der Stadt kannst du dich ziemlich sicher fühlen. Am und im Hauptbahnhof und an der Nørreport Station solltest du allerdings auf deine Gepäckstücke besonders gut aufpassen, weil dort operierende Diebe es auf unachtsame Reisende abgesehen haben. Bei Verlust wende dich bitte an die Polizei, deren Hauptbüro am Polititorvet 14 nahe dem Hauptbahnhof liegt *(Tel. 38 74 88 22)*.

SPRACHE

Versuch's zuerst mit Englisch – selbst die älteren Kopenhagener sprechen gutes bis sehr gutes Englisch. Wenn Einheimische dann bemerken, dass du aus Deutschland kommst, hast du nicht selten Glück, dass man dir sogar auf Deutsch antwortet. Dänisch ist eine schwierige Sprache, einiges wird verschluckt und ganz und gar unphonetisch ausgesprochen. Zur Begrüßung reicht meist ein kurzes *Hej*, wenn du dich bedanken willst, sagst du einfach *tak*!

WAS KOSTET WIE VIEL?

Taxi	ab 6 Euro *für eine Fahrt in der Innenstadt*
Cappuccino	ab 4 Euro *für eine Tasse im Café*
Snack	ab 6 Euro *für ein smørrebrød*
Bier	ab 5 Euro *für 0,4 l vom Fass*
Tivoli	20 Euro *für den Eintritt*
Museum	ab 7 Euro *für ein Ticket*

STADTÜHRUNGEN, SCHIFFS-, RAD- UND BUSTOUREN

Die klassische Kanalfahrt startet am Nyhavn *(📖 M5)* oder Gammel Strand *(📖 L6)*: Eine Stunde kostet 109 DKK *(stromma.com)*. Hast du Lust, statt der klassischen Sehenswürdigkeiten die Cafés, Geschäfte und Hinterhöfe Kopenhagens bei einer Führung zu entdecken? Dann melde dich bei *CPH:Cool (Tel. 26 95 54 74 | cphcool.dk)* an. Mehr auf das Treffen von Dänen und Besuchern – auch zum Hausbesuch – zugeschnitten: *Meet the Danes (Tel. 23 28 43 47 | meetthedanes.com).*

Geführte Radtouren von *BeCopenhagen (Fortunstræde 1 | nahe Nikolaikirche | becopenhagen.dk | L6)* wie „Essential" (2,5 Std. 400 DKK) und „Contemporary Architecture" (halbtags, 550 DKK) sind perfekte, gut und auf Englisch erzählte Einstiege in typischer Kopenhagen-Manier, im Sattel. *Red Buses (redsightseeing.com/copenhagen)* und *Stromma (stromma.com)* bieten verschiedene Hop-on-hop-off-Touren in offenen Doppeldeckerbussen mit Audio-Guide an *(ab 220 DKK)*. Viel persönlicher und kundig auf Deutsch geführt sind zahlreiche Thementouren mit *Show Me Copenhagen (Tel. 23 23 78 01 | showmecopenhagen.dk). Foodtouren (short.travel/kop16),* etwa mit veganen Hotdogs, können individuell und sättigend sein.

TELEFON & HANDY

Für das Telefonieren in Kopenhagen und ganz Dänemark gilt: Du musst immer die achtstellige Nummer wählen, Vorwahlen gibt es nicht. Die Vorwahl von Deutschland, Österreich und der Schweiz nach Dänemark ist *0045*, von Kopenhagen nach Deutschland *0049*, nach Österreich *0043* und in die Schweiz *0041*.

TRINKGELD

Offiziell ist der Service im Preis enthalten, doch auch Kopenhagens Kellner, Taxifahrer und andere nette Menschen freuen sich über ein angemessenes Trinkgeld.

WLAN & INTERNET

In den meisten Cafés und Hotels sowie an zahlreichen öffentlichen Orten wie Museen, Bibliotheken und Parks gibt es sehr flotten Internetzugang.

ZEITUNGEN

Internationale Presse findest du am Hauptbahnhof oder auf dem Rathausmarkt. Wer sich ins tägliche Leben einlesen will, kauft sich die einzige englischsprachige Zeitung in Kopenhagen, die wöchentlich erscheinende *CPH Post*. Manchmal bekommst du sie auch umsonst, etwa am Flughafen. Integriert ist darin der Unterhaltungs- und Veranstaltungsführer *In & Out*.

ZOLL

Es gelten die gleichen Einfuhrbestimmungen wie in den anderen EU-Staaten: 10 l Spirituosen, 20 l alkoholische Getränke mit einem Alkoholgehalt von bis zu 22 Prozent, 110 l Bier. Tabakwaren: 800 Zigaretten, 400 Zigarillos, 200 Zigarren. Mehr Informationen auf *zoll.de*.

NOTFÄLLE

DIPLOMATISCHE VERTRETUNGEN

Deutsche Botschaft Kopenhagen | Göteborg Plads 1 | Nordhavn | Tel.

35 45 99 00 | kopenhagen.diplo.de | g3
Österreichische Botschaft Kopenhagen | Sølundsvej 1 | Tel. 39 29 41 41 | bmeia.gv.at/oeb-kopenhagen | g3
Schweizer Botschaft Kopenhagen | Richelieus Allé 14 | Hellerup | Tel. 33 14 17 96 | g3

FUNDSACHEN

Wenn du etwas verloren hast oder womöglich bestohlen wurdest, wende dich an das Fundbüro der Kopenhagener Polizei, das *Hittegodskontor (Mo, Mi, Fr 9–14, Di, Do 9–17.30 Uhr | Politigården | Tel. 38 74 88 22 | Indre By | K7).*

Auskünfte über Fundsachen in Bussen unter *Tel. 70 15 70 00* (leider nur auf Dänisch), für Fundsachen im Zug unter *Tel. 24 68 09 60.*

GESUNDHEIT

Gesetzlich Versicherte werden gegen Vorlage der Europäischen Versicheringskarte (EHIC) zwar kostenlos versorgt – aber eben nur innerhalb des Kostenrahmens der heimischen Versicherung. Zusatzleistungen wie beispielsweise die Kosten eines Rücktransports müssen selbst bezahlt werden. Bei Zahnbehandlungen und Medikamenten wird außerdem eine Eigenbeteiligung verlangt. Schweizer müssen die medizinische Betreuung bar bezahlen.

Tag und Nacht ist die Apotheke am Hauptbahnhof geöffnet *(Vesterbrogade 6c | Tel. 33 14 82 66).*

NOTRUF

Polizei, Feuerwehr, Krankenwagen: *Tel. 1 12*

WETTER IN KOPENHAGEN

Hauptsaison (Mai–Sept.)
Nebensaison (Jan.–April, Okt.–Dez.)

	JAN.	FEB.	MÄRZ	APRIL	MAI	JUNI	JULI	AUG.	SEPT.	OKT.	NOV.	DEZ.
Tagestemperaturen	2°	2°	5°	10°	16°	20°	21°	21°	18°	12°	7°	4°
Nachttemperaturen	-2°	-2°	-1°	3°	8°	11°	14°	14°	11°	7°	3°	1°
Sonnenschein Stunden/Tag	1	2	4	6	8	9	8	7	6	3	1	1
Niederschlag Tage/Monat	11	9	7	9	7	9	10	10	10	10	10	11
Wassertemperatur	3°	2°	3°	5°	9°	14°	16°	16°	14°	12°	8°	5°

Sonnenschein Stunden/Tag · Niederschlag Tage/Monat · Wassertemperatur

SPICKZETTEL DÄNISCH

SMALLTALK

ja/nein/vielleicht	ja/nej/måske	ja/nai/moßke'
bitte	værsgod	wärßgo
danke	tak	tak
Gute(n) Morgen!/Tag!/ Abend!/Nacht!	God morgen!/dag!/ aften!/nat!	Goh morgen!/dä'!/ aften!/nätt!
Hallo!/Auf Wiedersehen!	Hej!/Farvel!	Hai!/Farwell!
Tschüss!	Hej hej!	Hai hai!
Ich heiße …	Jeg hedder …	Jai hidder …
Wie heißt du?/ Wie heißen Sie?	Hvad hedder du?/ Hvad hedder De?	Wä' hidder du?/ Wä' hidder Di?
Ich komme aus …	Jeg kommer fra …	Jai kommer fra …
Entschuldige!	Undskyld!	Unnßküll!
Wie bitte?	Undskyld?/Hvad?	Unnßküll?/Wä'?
Das gefällt mir (nicht).	Det kan jeg (ikke) lide.	Det känn jai igge li'

ZEIGEBILDER

ESSEN & TRINKEN

Die Speisekarte, bitte.	Spisekortet, tak.	ßpihßekortet, tak.
Könnte ich bitte … haben?	Jeg vil gerne have …	Jai will gerne hä' …
Messer/Gabel/Löffel	kniv/gaffel/ske	kniw/gaffel/ßkeh
Salz/Pfeffer/Zucker	salt/peber/sukker	ßällt/peber/ßukker
Essig/Öl	eddike/olie	eddigge/ohlie
Milch/Sahne/Zitrone	mælk/fløde/citron	mälk/flöhde/ßitrohn
mit/ohne Eis/ Kohlensäure	med/uden is/brus	mehd/uhden ihß/ bruhß
Vegetarier(in)/Allergie gegen …	vegetar/har allergi mod …	vegetarier/har allergie mohd …
Ich möchte zahlen, bitte.	Jeg vil gerne betale.	Jai will gerne betäle.
Rechnung/Quittung	regning/kvittering	raining/quittering
bar/Kreditkarte	kontant/kreditkort	kontänn/kreditkohrt

NÜTZLICHES

Wo ist …?/Wo sind …?	Hvor ligger ….?/Hvor er …?	Wohr ligger …?/Wohr ähr …?
Wie viel Uhr ist es?	Hvad er klokken?	Wä' är kloggen?
heute/morgen/gestern	idag/imorgen/igår	idäh/imor'en/igohr
Wie viel kostet …?	Hvad koster …?	Wä' koßter …?
Wo finde ich einen Internetzugang?	Hvor er der adgang til internettet?	Wohr är der ädgang till internettet?
offen/geschlossen	åben/lukket	oben/lugged
rechts/links/geradeaus	højre/venstre/ lige ud	heure/wännßtre/ lihe uhd
billig/teuer	billig/dyr	billi'/dühr
gut/schlecht	godt/dårligt	gott/dorlitt
Apotheke (Drogerie)	apotek	äpothek
Fieber/Schmerzen	feber/smerter	feber/ßmerter
Hilfe!/Vorsicht!	Hjælp!/Pas på!	Hjälp!/Päß po!
Verbot/verboten	forbud/forbudt	forbuhd/forbutt
0/1/2/3/4/5/6/7/8/9/ 10/100/1000	nul/en; et/to/ tre/fire/fem/seks/ syv/otte/ni/ti/ hundrede/tusind	null/een; eet/toh/treh/ fihr/fämm/ßex/ßüh/ ohde/ni/ti/hunnred/ tuhßinn

KOPENHAGEN FEELING

ZUM EINSTIMMEN & AUSKLINGEN

LESESTOFF & FILMFUTTER

DER BESUCH DES LEIBARZTES

Peer Olov Enquists spannender Roman (2001) spielt im Kopenhagen des 18. Jhs. Dort hat Johann Friedrich Struensee, Leibarzt des geisteskranken Königs Christian VII., eine Affäre mit der Königin …

FRÄULEIN SMILLAS GESPÜR FÜR SCHNEE

Ein Junge stürzt mitten in Kopenhagen vom Dach. Der Fall scheint klar: ein Unfall. Doch Smilla Jespersen glaubt nicht daran. Peter Høegs Weltbestseller von 1994 ist zeitlos packend.

BORGEN – GEFÄHRLICHE SEILSCHAFTEN

Nach drei Staffeln der Fernsehserie (bis 2013) über Machtspiele in der dänischen Politik kam 2022 bei Netflix die vierte Staffel heraus. Gedreht wurde an Originalschauplätzen.

KOMMISSARIN LUND – DAS VERBRECHEN

Die Krimiserie war in Dänemark ein Straßenfeger und auch im deutschen Fernsehen ein Quotenerfolg. Durch Roman (2013) und DVD (2010/2013) wurde Lunds Wollpulli so berühmt wie Humphrey Bogarts Trenchcoat.

PLAYLIST QUERBEET

0:58

II JENNY ROSSANDER ALIAS LYDMOR – HELIUM HIGH
Starke Stimme im Dream-Pop-Universum, elektronisch verspielt

▶ MØ – NEVER WANNA KNOW
Eingängiger Elektropop von Karen Marie Ørsted, Singer-Songwriterin mit Lana-del-Rey-Touch

▶ KIM LARSEN – RABALDERSTRÆDE
Zum Mitsingen: Rocksong der dänischen Sängerikone

▶ LUKAS GRAHAM – 7 YEARS
Frontman Lukas Forchhammer stammt aus Christiania: Ghettopop von vier Kopenhagener Jungs

▶ NIELS LAN DOKY – RETURN TO DENMARK
Fetziges Trio-Stück des international renommierten Jazzpianisten

▶ VELVET VOLUME – LOOK LOOK LOOK!
Drei Krawallfrauen mit Benzin im Blut rocken die Gitarre

Den Soundtrack zum Urlaub gibt's auf **Spotify** unter **MARCO POLO Denmark**

Oder Code mit Spotify-App scannen

AB INS NETZ

DOT BILLETTER
Mit dieser Nahverkehrs-App fürs Smartphone erwirbst du im Handumdrehen Einzelfahrscheine, City-Pässe oder Zusatztickets für den Radtransport in der Metro. Die preiswerteste Art, im tollen Nahverkehr mitzuschwimmen.

ROUTES NORTH
Der englische Online-Guide zu Zielen in Skandinavien bietet viele Links zu Budget-Ideen inklusive Essen und Unterkunft in der dänischen Hauptstadt. short.travel/kop18

DANSK ARKITEKTUR CENTER
Architekturfans und Besucher, die mehr über die ständig wachsende Zahl an modernen und bisweilen skurrilen Bauten wissen wollen, finden in der App des DAC Hilfe – und auch Kritik.

GLÜCKLICHES KOPENHAGEN
Groov dich ein ins Lebensgefühl der Kopenhagener: gut erzählter Film (2016, 43 Min.) von Mare-TV über die „Stadt der Glücklichen am Øresund“: von Radfahren über Hafenschwimmen bis zur mobilen Küche. short.travel/kop17

TRAVEL PURSUIT

DAS MARCO POLO URLAUBSQUIZ

Weißt du, wie Kopenhagen tickt? Teste hier dein Wissen über die kleinen Geheimnisse und Eigenheiten von Stadt und Leuten. Die Lösungen findest du in der Fußzeile. Und ganz ausführlich auf den S. 20–25.

❶ Warum sind so viele Kopenhagener mit dem Fahrrad unterwegs?

a) Sie denken umweltbewusst
b) Sie möchten schneller als Autos ans Ziel kommen
c) Sie wollen was Gutes für ihre Fitness tun

❷ Was lassen manche Frauen im Sommer am Fahrradlenker baumeln?

a) Handtasche
b) Babyphone mit WLAN
c) High Heels

❸ Welches Thronjubiläum stand für Königin Margrethe II. im Jahr 2022 an?

a) 50-jähriges
b) 40-jähriges
c) 30-jähriges

❹ Was ist so ungewöhnlich am Gymnasium in Ørestad?

a) Es hat keine Klassenzimmer
b) Es gibt keine Lehrer
c) Smartphones müssen abgeschaltet werden

Lösungen: 1b, 2c, 3a, 4a, 5b, 6a, 7b, 8c, 9c, 10a

Schick aussehen muss ein Fahrrad in der Designhauptstadt schon auch

5 Wie kannst du dich auf der neuen Müllverbrennungsanlage sportlich austoben?

a) an der Kletterwand
b) auf der Skipiste
c) im Swimmingpool

6 Welches Gebäude in Kopenhagen stammt vom britischen Architekten Norman Foster?

a) Elefantenhaus
b) Oper
c) Königliche Bibliothek

7 Was liefert die Wärme für die meisten Kopenhagener Wohnungen?

a) Erdgas
b) Fernwärme
c) Atomkraft

8 Woher stammt Kronprinzessin Mary?

a) Kanada
b) Grönland
c) Tasmanien

9 Bis wann will Kopenhagen klimaneutral sein?

a) 2055
b) 2040
c) 2025

10 Wie heißt Glühwein auf Dänisch?

a) Gløgg
b) Glugg
c) Higg

REGISTER

LOB ODER KRITIK? WIR FREUEN UNS AUF DEINE NACHRICHT!

Trotz gründlicher Recherche schleichen sich manchmal Fehler ein. Wir hoffen, du hast Verständnis, dass der Verlag dafür keine Haftung übernehmen kann.

MARCO POLO Redaktion • MAIRDUMONT • Postfach 31 51
73751 Ostfildern • info@marcopolo.de

Impressum
TTitelbild: Nyhavn (AWL Images/ClickAlps)
Fotos: huber-images: A. Armellin (64), M. Carassale (106/107), Gräfenhain (45, 112/113), Kaos (102/103), M. Rellini (16, 31, 34, 50, 104/105, 128/129, 138/139), TC (76); Laif: T. Barth (92/93, 110/111), G. Hänel (52, 61), P. Hirth (37, 87), H.-D. Zinn (38); Laif/Explorer: P. Le Floch (132); Laif/hemis.fr: B. Gardel (26/27), F. Guiziou (123), L. Maisant (11, 43, 85, 88, 91, 140/141), Rabouan (62); Look: A. F. Selbach (6/7, 98); Look/ClickAlps (32); mauritius images: Novarc (4, 79); mauritius images/AGF (49); mauritius images/Alamy: O. Förstner (56), K. George (71), Njphoto (75), N. Poulsen DK (8), L. J. Thorpe (72); mauritius images/ClickAlps (2/3, 14/15); mauritius images/imagebroker: K. Petersen (9); mauritius images/robertharding: Y. Levy (59); mauritius images/VIEW Pictures: A. P. Wiper (80/81); mauritius images/Westend61: pure.passion.photography (47); M. Müller (143); picture-alliance: J. Tack (22/23, 54), Zoonar (12/13); picture-alliance/Design Pics: K. Welsh (Klappe vorne außen, Klappe vorne innen/1); picture-alliance/dpa: (126) © Andreas Gursky/VG Bild-Kunst, Bonn 2023. Courtesy Sprüth Magers; picture-alliance/Dutch Photo Press: P. van Katwijk (25); picture-alliance/Ritzau Scanpix: T. M. Khan (97); picture-alliance/Scanpix Danmark: T. Christensen (21, 108/109); picture-alliance/Sydsvenskan/TT: (101), H. El-alawi (40); Shutterstock: A. Shepulova (66/67); vario images/Cultura (10)

16., aktualisierte Auflage 2023

Autoren: Andreas Bormann, Martin Müller
Redaktion: Christina Sothmann
Bildredaktion: Anja Schlatterer
Kartografie: © KOMPASS-Karten GmbH, Karl-Kapferer-Straße 5, A-6020 Innsbruck unter Verwendung von Kartendaten: © MairDumont, D-73751 Ostfildern (S. 114–115, 117, 120, 124–125, 127, Umschlag innen, Umschlag außen, Faltkarte); © KOMPASS-Karten GmbH, kompass.de unter Verwendung von © OpenStreetMap Contributors, osm.org/copyright (S. 28–29, 32–33, 39, 41, 44, 51, 55, 57, 68–69, 82–83, 94–95).
Als touristischer Verlag stellen wir bei den Karten nur den De-facto-Stand dar. Dieser kann von der völkerrechtlichen Lage abweichen und ist völlig wertungsfrei.
Gestaltung Cover, Umschlag und Faltkartencover: bilekjaeger_Kreativagentur mit Zukunftswerkstatt, Stuttgart; Gestaltung Innenlayout: Langenstein Communication GmbH, Ludwigsburg
Spickzettel: in Zusammenarbeit mit PONS Langenscheidt GmbH, Stuttgart
Konzept Coverlines: Jutta Metzler, bessere-texte.de
Printed in China

MIX
Papier aus verantwortungsvollen Quellen
FSC® C124385

MARCO POLO AUTOR
MARTIN MÜLLER
Die Liebe zu einer Kopenhagenerin zog den Reiseautor aus dem Ruhrgebiet in ihre Stadt. Die Herzensdame taufte ihn zuerst in einem Hafenbad. Dann lehrte sie ihn das Radeln im Zweiradstrom und nahm ihn mit zu kostenlosen Jazzfestival-Konzerten. Die drei Gratissäulen des entspannten – *hyggeligen* – Lebensstils der teuren Stadt sorgen dafür, das ihn die Liebe zur Stadt nicht ruiniert.

BLOSS NICHT!

FETTNÄPFCHEN UND REINFÄLLE VERMEIDEN

MIT DER POLIZEI STREITEN

Du bist zu schnell gefahren, hast falsch geparkt, beim Fahren telefoniert – und wirst ertappt? Ruhe bewahren, freundlich kooperieren. Diskutieren zwecklos! Die Kopenhagener Polizisten sind resolut und konsequent.

DRÄNGELN UND MECKERN

Wenn du am Fahrkartenschalter, an der Theaterkasse oder sonstwo anstehst, mach bitte keine Anstalten, dich vorzudrängeln. Oft ziehst du einen Zettel mit einer Nummer und musst warten, bis sie aufgerufen wird.

MIT SMALL TALK NERVEN

Dänen reden nicht übers Wetter, um das Eis zu brechen. In einer Unterhaltung ist Platz und Interesse für ernsthafte (nicht ernste) Themen, ohne Belehrung und abtastende Nettigkeiten. Der Kulturschock tut nicht weh, denn unverblümtes Kommunizieren gilt nicht als respektlos, im Gegenteil.

IN SCHLANGENLINIEN RADELN

Niemand radelt hier zum Spaß, alle wollen zügig auf engstem Raum vorankommen. Beobachte zuerst den flotten Strom im Stadtverkehr und lerne Handzeichen und Abbiegen, bevor du dich beherzt einreihst.

DAS KÖNIGSHAUS KRITISIEREN

Du meinst, die Monarchie sei ein alter Zopf? Bitte behalte das für dich, denn die Dänen lieben ihr Königshaus und noch mehr ihre Königin. Selbst hartgesottene Gegner der Monarchie haben ein Herz für Margrethe II. Dabei raucht sie!